筑摩選書

奥井智之
Okui Tomoyuki

プライドの社会学

自己をデザインする夢

プライドの社会学　目次

プライドの社会学

自己をデザインする夢

「あちらがプライドをもつのは勝手です。しかしこちらのプライドを傷つけるのは許せません。」

オースティン『プライドと偏見』

はじめに

栄光と悲惨

ジェーン・オースティンの***Pride and Prejudice***は訳者によって、『高慢と偏見』と訳されたり、『自負と偏見』と訳されたりしている。「高慢」は明らかに、悪徳に属する。しかし「自負」となると、一概にそうは言い切れない。いったいそこでの**pride**は、「高慢」と訳すべきであろうか、それとも「自負」と訳すべきであろうか。***Pride and Prejudice***は一八一三年刊で、当時のイギリスの紳士《ジェントリー》階級の男女の結婚を題材としている。その際男女の間に一定の階級差のあることが、物語の重要な前提となっている。すなわち男性＝フィッツウィリアム・ダーシー側のダーシー家は、名門である（しかも男性は、その当主である）。これに対して女性＝エリザベス・ベネット側のベネット家は、中流に属している。当初二人は、相手のことをどう思っていたか。エリザベスにとってダーシーは、まさに「高慢」な人物であった。ダーシーはダーシーで、ベネット家の人々を一段低く見ている。

それは階級差に基づく、ミスコミュニケーションと言ってよい。そして二人が、このミスコミユニケーションを埋めるというのが以後の物語の展開である。といっても二人の結婚が、階級差を大胆に踏み越えたものであるわけではない。物語の終盤近くダーシーの叔母が、エリザベスを訪ねてくる。叔母は階級差を理由に、甥とエリザベスの結婚を阻止しようとする。その際エリザベスは、ダーシーの叔母にこう言う。「かれは紳士です。わたしは紳士の娘です。その点では、わたしたちは平等です」と。そういう「自負」をもつことでエリザベスは、ダーシーと対等に渉り合うことができた。そしてそれが、二人の結婚の原動力になったことが認められてよい。したがって *Pride and Prejudice* の **pride** は、まさに「高慢」と「自負」の両義的な意味をもっているのである。最近では **pride** の訳語に、「プライド」をあてる場合も見られる。わたしも以下、その便宜的な流儀に従いたいと思う。

さて本書は、プライドに関する社会学的考察を試みるものである。一般にプライドは、心理的な事象と理解されている。実際プライドは、もっぱら心理学者によって論じられてきた。しかしそれは、一個の社会的な事象ではないかというのが本書の出発点である。たとえば『プライドと偏見』(早速 **pride** の訳語に、「プライド」をあてさせていただく)で、主人公たちのプライドの源泉になっているのは何か。一言にして言えばそれは、階級である。それは『プライドと偏見』が、十九世紀初頭のイギリス社会を舞台としていることと無縁ではない。というのもそこは、(二十一世紀初頭の日本社会と対比して)歴然たる階級社会であるからである。階級については以下の章で、主題的に論じる機会があるであろう。ここでは階級が、人々のプライドの要因の一つであることが確認できれば十分である。すなわち人間は、自らの帰属階級を誇りに思ったり、そうでなかったりするということである。

　おそらく同様のことは、家族や容姿や学歴や職業や国家についても言えるであろう。それらは総じて、社会学的な活動領域《フィールド》をなすというのがわたしの見通しである。わたしはここで、プライドをよいものとも悪いものとも言い立てるつもりはない。というのもプライドのために、人間は幸福になることも不幸になることもあるからである。『プライドと偏見』は主人公の男女の周辺に、多くの興味深い人物を配している。ダーシーの叔母キャスリン・ド・バーグ夫人が主人公二人の結婚を阻止しようとしたことは、さきに書いた。かの女は自分の一族が、貴族につながることにプライドをもっている。そして甥のダーシーと自分の娘との、同族結婚を画策している。このプライド過剰の＝「高慢」な人物を作者は、きわめて冷笑的《シニカル》に描いている。ダーシーがエリザベスと結婚することで、キャスリン夫人の画策は実を結ばない。読者はそこに、「高慢」に対する道徳的な断罪を読み取ることもできる。

　エリザベスの従兄で、キャスリン夫人の庇護下にある牧師ウィリアム・コリンズもまた、『プライドと偏見』に登場する興味深い人物である。かれは従妹のエリザベスに求婚して断られた直後に、エリザベスの親友に求婚する。特段かれが、二人のことを愛していたわけではない。かれにとっては結婚そのものが、所期の目的であったから（幸いにも二回目の求婚は、相手に受け入れられる）。作者はかれを、「高慢と追従と尊大と卑屈の混合体」と評している。少なくともそこには、プライド不足＝「卑屈」もまた悪徳に属することが示されている。それでは中流紳士の夫人たる、エリザベスの母親は……。しかしこれ以上、『プライドと偏見』の登場人物に関わることは控えよう。作者はプライドを主題に、秀逸な人間ドラマを描き出した。社会学者としてわたしは、その顰《ひそ》みに倣いたい。——とどのつまり社会学的に、プライドの栄光と悲惨を余すところなく描き出すことが本書の目標である。

「わたしたち」と「かれら」

人間存在をどうとらえるかということは、社会学の根本的な問題であり続けてきた。その際人間の社会性を重視するのか、それとも個別性を重視するのかは、社会学の一つのディレンマであり続けてきた。たとえばアカデミックな社会学の先達＝デュルケームとウェーバーの場合、前者は人間の社会性を重視し、後者は個別性を重視した。それ以降二人の後進の社会学者たちは、自分の旗幟を明らかにすることが習いとなっている。すなわち自分は、デュルケーム派に属するのか、ウェーバー派に属するのか、そのどちらでもないのかを。ジンメルはデュルケームやウェーバーと同じく、アカデミックな社会学の先達にあたる。かれは秘密について、面白い社会学的考察を行っている。一般に秘密は、何かを隠蔽することをさす。しかし秘密は、一個の矛盾を孕む。というのも隠蔽することで、かえって他者の注目を集めるから、と（『社会学』）。その意味では秘密は、装身具《アクセサリー》と同等の機能をもつ。

その装身具についてもジンメルは、面白い考察を行っている。装身具は本来、自己の優越性を示すためのものである。しかし装身具は、一個の矛盾を孕む。というのも他者の羨望なしには、自己の優越性は示せないから、と。いったいここで、ジンメルが言わんとすることは何か。それは人間存在が、個別性と社会性の矛盾のなかにあるということであろう。そういう矛盾を孕むというのは、本書の主題であるプライドの場合も同じである。一般にプライドは、「自分や自分の属する集団に誇りをもつこと」をいう。ただし「誇りをもつ」というのは、同語反復《トートロジー》の誹《そし》りを免れないかもしれない。そこでこう再定義しておく。プライドとは「自分や自分の属する集団を肯定的に評価すること」である、と。当然これとは逆に、「自分や自分の属する集団を否定的に評価すること」もありうる。これらを一元化して「自分や自分の属する集団への評価全般」を、プライドととらえることもできなくはない。

すなわちプライドには、正のプライドと負のプライドがある、と。本書では以下、（多少衒学的《ペダンティック》な印象を与えるかもしれないが）そういう正のプライド／負のプライドといった表現も文脈に応じて用いることにしたい。いったい人間が、プライドをもつ／もたないを隔てる要因は何か。今日的な表現を使うならばプライドは、自己準拠的（self-referential）なシステムである。これはプライドの基準が、自分自身のなかにあることをさす。したがってプライドをもつ／もたないは、最終的には本人次第ということになる。しかしそれは、各人がプライドを自由に操作できることを意味しない。たとえば心理学的に、「どうすればプライドをもてるか」を論じることは勝手である。しかし実際には、プライドの操作はそう簡単ではない。というのもプライドの基準は、個人的なものであると同時に社会的なものであるから。その意味ではプライドもまた、個人性と社会性の矛盾を孕んでいるのである。

ここでは一例として、隠遁者を取り上げよう。一般に隠遁者は、非社会的存在と理解されている。そして隠遁者は、そのことに固有のプライドをもっている。「わたし」は「かれら」とは違う、と。もっとも隠遁者のプライドが、社会的なものであることに変わりはない。隠遁者はいわば、部外者《アウトサイダー》の集団＝もう一つの社会的集団のメンバーなのである。こういう人々のことを社会学では、マージナル・パーソンとも言う。そしてかれまたはかの女が、文化的創造性に富むことが指摘される。夏目漱石の『草枕』に登場する画家は、東京を遁れて山里の温泉地に出かける。かれはこう言う。「智に働けば角が立つ。情に棹させば流される。意地を通せば窮屈だ。とかくに人の世は住みにくい」と。それはまさに、隠遁者の心境といってよい。しかしかれは、続けてこうも言う。「住みにくさが高じると、安い所へ引き越したくなる。どこへ越しても住みにくいと悟った時、詩が生れて、画が出来る」と。

「住みにくき所を……束の間でも住みよく」するのが芸術家の使命、というのである。その意味では隠遁者も、立派に社会的機能を果たしていることになる。わたしたちがプライドをもつのは、わたしたちが集団のメンバーであるからである。いや安定的な帰属集団こそが、わたしたちにプライドを提供してくれる。――そのことを「わたしたち（us）」と「かれら（them）」＝わたしが属する集団とそうでない集団という用語を使って、こう定式化することもできる。「わたしたち」は「かれら」と異なることで、「わたしたち」たりうる。そして「わたしたち」こそが、わたしたちにとってプライドの源泉たりうる、と。社会学では「わたしたち」という意識で結ばれた集団を、コミュニティという。これを借りて本書の仮説を、最後にこう表しておこう。「コミュニティこそがプライドの源泉である」と。しかし確実なことは、コミュニティがけっして安定的な集団ではないということである。

プライド・システム

アメリカの社会学者Ｗ・Ｉ・トマスは一世紀ほど前に、「トマスの公理」を提起した。トマスはこう説く。「人々がある状況を現実と規定すれば、結果としてそれが現実となりがちである」と。トマスは人間の行為においては、行為者が自分の状況をどう定義しているかが重要であると説く。この着想を評価して「トマスの公理」と命名したのは、同じくアメリカの社会学者Ｒ・Ｋ・マートンである。のみならずマートンは、これを継承して「予言の自己成就」という概念を提起した。「予言の自己成就」とはある状況に関する思い込みや決め付けが、それらに基づく行為を通じて現実化する場合をさす。たとえば銀行の取り付けは、それにあたる。まさに「Ａ行《こう》は危ない」との人々の思い込みや決め付けによって生じるのが、銀行の取り付けである。教育学で「ピグマリオン効果」と呼ばれる現象も、「予言の自己成就」にあたる。ピグマリオンはギリシア神話に登場する、キプロス島の王である。

かれは（理想の女がいなかったために）理想の女の象牙像を作って、それに恋したとのことである。教育学では教師の期待によって、生徒の学力が向上することを「ピグマリオン効果」という。つまりは教師の理想の生徒像が、教育上ものを言うというのである（それとは逆に教師が期待しないことで、生徒の学力が向上しない場合もありうる）。本書ではプライドを、「自分や自分の属する集団に誇りをもつ（それを肯定的に評価する）こと」と定義した。そしてプライドが、一つの自己準拠的なシステムであることを指摘した。――このプライド・システムは「予言の自己成就」や「ピグマリオン効果」と同じく、「トマスの公理」と同系列の心理的・社会的機制《メカニズム》ではないか。つまりはプライドのありようで、わたしたちの生のありようが変わってくるのではないか。その意味でプライドは、わたしたちの生の原動力になっているのではないか。理論的には本書は、そのことに関心をもっている。

その延長線上で本書が、より現実的に関心をもっていることを述べておきたい。プライド・システム＝自分が「自分や自分の属する集団に誇りをもつ」機制におけるプライドの対象は、必ずしも現実の自分（たち）とは限らない。かえって理想の自分（たち）が、プライドの対象になることが通例である。大学の入学生（十八、九歳の若者）が一九九〇年代生まれになってから、すでに四、五年が経過している。したがって冷戦は、もはや歴史的な出来事と化しつつある。端的に言えば今日の大学生は、ソヴィエト連邦や東ドイツや東ベルリンを同時代的に知ってはいないのである。わたしは二十世紀の歴史は、大略《たいりやく》二度の戦争と二度の革命からなると考えている。二度の戦争とはもちろん、二度の世界大戦をさす。そして二度の革命とは、社会主義体制を樹立した社会主義革命と、それを打倒した反社会主義革命をさす。この二度の革命の間（とりわけ第二次世界大戦後）が一応、冷戦時代にあたる。

一九八九年の東欧革命（とりわけ同年十一月九日のベルリンの壁開放）から一九九一年のソ連崩壊にいたる一連の過程は、この冷戦の終結を示している。その意味で今日の大学生は、生まれもって冷戦後の時代を生きているのである。そしてそれは、グローバリゼーションの時代でもあった。グローバリゼーションとは冷戦後の、一極的な資本主義体制の下で進行した事態である。すなわちヒト・モノ・カネが、地球規模で自由に移動できるようになる事態がそれである。人々は当初、そういう社会の出現に希望をいだいた。しかし希望が失望に変わるまでに、さして時間はかからなかった。トマスが「トマスの公理」を提起したのは、同時代的な（ポーランドからアメリカへの）移民をめぐる研究においてであった。そして移民の社会的要因は、社会解体（**social disorganization**）もしくは個別化（**individualization**）であるというのがトマスと共同研究者F・ズナニエツキの見立てであった。

一世紀を隔てて歴史は、まさに繰り返すと言うべきかもしれない。というのも今日わたしたちの周囲で起こっていることも、社会解体ないしは個別化であるからである。そのなかで日増しに見いだしにくくなっているのが、コミュニティである。はたしてコミュニティのない状況で、わたしたちはプライドをもつことができるであろうか。しかしそれは、「現実のコミュニティ」についての話である。その一方でわたしたちの周囲で、たしかに進行している事態がある。それは人々が、「理想のコミュニティ」を希求し、待望し、憧憬するという事態である。たとえばグローバリゼーションの時代に、ナショナリズムが勃興するという逆説がある。同様に理想の自己、家族、地域……についてのイメージは、わたしたちの周囲に満ち溢れている。よくも悪くもそれは、人々のプライド回復のための方策なのである。今日「理想のコミュニティ」の果てに人々が見いだすものは、いったい何であろうか。

本書では以下、華麗なるプライドの世界を巡歴することになる。人前で少しでも際立つように、自分を着飾るのが人間である。そしてそれには、さまざまな手口がある。たとえば旧制高校生は、弊衣破帽（ぼろの服と破れた帽子）で自らのプライドを誇示したのである。中世のヨーロッパでは四つの髑髏《どくろ》を描いた、ある秘密《アンダーグラウンド》の線画が流布していたらしい。そこにはこう記されている。「どれが教皇のものか、大公のものか、農民のものか、乞食のものか当ててみよ」と（もちろん四つの髑髏は、まったく同じものである）。この線画の暗示することは、すぐれて社会学的である。社会的地位は衣服や帽子によって作り出されるものにすぎない、ということがそれである。本書の主題であるプライドも、そういう愚かで、もの悲しい人間の虚飾の一つである。――さて出立《しゅったつ》にあたって、イエスの言葉を引いておこう。絢爛豪華を誇った「ソロモンの栄華」も、野のユリの一輪にも及ばないとかれは言う。
何を着るか、思い悩むな

第1章

自己——はじめに行動がある

整形と進学

ゲーテの『ファウスト』は今日、人々にそう好まれる作品ではなくなりつつあるかもしれない。しかし老年にせよ、壮年にせよ、青年にせよ、いったんそれを繙《ひもと》いたとしたらどうか。人々はそこに、案外身につまされるものを感じるのではあるまいか。十五―十六世紀ドイツの実在の錬金術師ファウストを主人公として、一つの伝説が生まれた。かれは悪魔メフィストフェレス（以下、メフィストと略記）と契約を結び、豪奢な生活を手にする。しかし契約期限が切れると、無残な最期を遂げたというのがそれである。この伝説を素材として著されたのが、ゲーテの戯曲『ファウスト』である。老学者（といっても五十歳前後らしいが）ファウストは学問を究めて、すべてのことを知ろうとしてきた。しかしついに、学問では「何も知りえない」ことを悟る。かれはメフィストと契約を結び、現世の享楽を極めようとする。したがってそこでの舞台の設定は、ファウスト伝説の場合とほぼ同じである。

ファウストがメフィストとともに学窓を飛び出す前に、遍歴学生がファウストを訪ねて来る。ファウストに扮したメフィストは、学生にこう言う。「すべての理論は灰色で、生命の輝く木は緑だ」と。わたしは大学の授業で、この『ファウスト』の一節に触れることがある。すると一瞬、学生たちの表情が和らぐ。しかしそれが「悪魔の言葉」であることを告げると、かれらの表情は複雑なものになる。おそらく一瞬でも、悪魔にたぶらかされたことを恥ずかしく思うからであろう。ある意味ではファウストとメフィストの問答は、ファウストの内面の葛藤そのものである（新約聖書のいくつかの福音書におけるイエスと悪魔サタンの問答も、これと同じである）。つまりはそこでは、「理想の自己」と「現実の自己」が葛藤を繰り広げているのである。その意味ではファウストは、わたしたちにとって近しい存在である。必ずしもかれのように、学問を究めたり、享楽を極めたりしようとせずとも。

新約聖書『ヨハネによる福音書』冒頭の「はじめに言葉があった」をファウストは、こう訳し直す。「はじめに行動があった」と。そこには悪魔の誘いに乗って、学窓を飛び立たんとする、ファウストの思想が見事に表現されている。いやそれを、「悪魔の誘いに乗って」と言うのはけっして公正ではない。いかにもそれは、大学人（読書人と言ってもよい）らしい解釈である。というのも「はじめに言葉があった」と信じ込んでいるのが、大学人であるから。そういう大学人に向けて「はじめに行動があった」と言い放つところに、『ファウスト』の思想的独自性がある。一つの人間解釈としてそれを、こう敷衍《パラフレーズ》することもできる（いかにも大学人らしい習慣であるが）。まさしく行動によって、自分の運命を切り開いていくのが人間である。しかしそれは、人間が運命によって翻弄される存在であることと表裏一体である。実際には人間存在は、行動と運命の間の対話的な過程のなかにある、と。

ファウストは若返りの薬のおかげで、老人から若者に変貌する。そしてそこから、『ファウスト』第一部の悲恋物語が始まる。わたしたちはそれを、荒唐無稽の話と言うこともできない。というのも今日、アンチ・エイジング（抗老化）は世の習いであるから。人間は「現実の自己」を、「理想の自己」に置き換えることができる。言い換えれば人間は、自己を改造することができる。わたしたちは今日、そういう自己改造のための商品に取り囲まれている。整形（手術）、美容、宗教、進学、書物、音楽、旅行などはすべて、それに類するものである。わたしは社会学の受講生に、よくこう尋ねる。——整形と（大学）進学は自己改造のための商品として、結構似ている。もし両者に違いがあるとすれば、いったい何か、と。読者の皆さんはこれに、どうお答えになるであろうか。ちなみに読書も、何らかの意味で自分を改造するための行為である。本書も一応、そのための商品ということになる。

話をさきの問いに戻すと整形と進学の間には、見かけほど大きな違いはない。わたしは通常、学生にこう言うことにしている。進学の場合にはだれかから、お祝いをもらうこともある。しかし整形の場合は、そうはならないであろう。これは目下、両者の社会的評価に違いがあるからである、と（もっともそれが、いつまでそうであるかは何とも言えないが）。自己改造のための商品が身近に溢れていることは、いかなる効果を生むか。それはまさに、「理想の自己」のモデルが種々提示されている状況である。さまざまなメディアが手を替え品を替え、わたしたちの生の現在に疑問を突きつける（本書もまさに、いまそれをしている）。そのなかで「現実の自己」にプライドをもつことは、ますます困難になりつつある。ゲーテは若返ったファウストと純潔な少女との恋愛を、一つの悲劇として描いた。主人公のプライドがズタズタに引き裂かれたところで、

『ファウスト』第一部は終わっている。

精神の貴族

志賀直哉の『暗夜行路』も最近、とみに読者を得られなくなっているらしい。作者はそれを、三十歳代から五十歳代にかけて書いた。しかし作品は、主人公時任謙作の二十歳代後半の五年間ほどを扱っている。謙作は小説家で、出生の秘密をかかえている。かれは父親の洋行時に、祖父と母親の過《あやま》ちの結果生まれた子であった。祖父が家を出ることで、その一件にはひとまず幕が引かれる。謙作が六歳のときに母親が病死し、謙作は祖父の家に引き取られる。祖父は下町に、妾と暮らしている。小説では二十歳代半ばの謙作が、すでに家長となっている。祖父の亡きあと謙作が、その家督を継いだという設定である。この間謙作は、自分の出生の秘密をまったく知らない。にもかかわらずかれは、父親がきょうだいのなかで自分に対してだけ冷酷であることを感じている。ここにはフロイトの説く、エディプス・コンプレックス風の（子が同性の親と敵対し、異性の親を恋慕するという）主題がある。

謙作は小説家といっても、そう仕事熱心な人物としては描かれていない。ただしかれは、芸術家としての高いプライドをもっている。たとえばかれは、自分のなすべき仕事をこう表現する。「人類全体の幸福に繋《つなが》りのある仕事」あるいは「人類の進むべき路へ目標を置いていく仕事」と。要するにかれは、人間のあるべき姿を追求しているわけである。しかしまたそれは、かれに固有の苦しみをもたらしているように映る。というのも本来、人間のあるべき姿など簡単に見つかるはずもないからである。仕事に行き詰まった謙作は、尾道に行き、一人暮らしを始める。そこでかれは、ついに自分の出生の秘密を知る。かれがそれに、大きな衝撃を受けたことは断るまでもない。『暗夜行路』の主人公が背負わされた運命は、非常に数奇で、過酷なものである。しかし行動によって、自己の運命に立ち向かおうとする経験はごく一般的なものである。その意味で主人公は、わたしたちの分身なのである。

東京へ戻った謙作は、ますます大きな行き詰まりに直面する、元々かれは、吉原の茶屋や銀座のカフェーで遊んでいた。そしてまた時には、私娼窟に出かけていた。前篇は謙作が、私娼を買う場面で終わっている。女の乳房をまさぐりながらかれは、「豊年だ！　豊年だ！」と言う。そしてそれが、自分の「空虚を満たして呉《く》れる、何かしら唯一の貴重な物」と感じる。しかしそこには、ほとんど自暴自棄な生活があるだけである。後篇では謙作は、京都に赴く。かれは鴨川の辺《ほとり》で、一人の女を見初《みそ》める。そしてツテをたどって、その女との結婚にこぎつける。この一件は『古事記』で、オオモノヌシノカミがセヤダタラヒメと結ばれる一話を連想させる。まず男が、女を見初める。男は丹塗矢《にぬり》（赤く塗った矢）に姿を変えて、川を流れ下る。そして女が用を足しているときに、「ホト（女陰）を突きき」とあるのがそれである。ともかく謙作は、この水辺の女＝直子との結婚で一時の安らぎを得る。

しかしそれは、あくまでも一時の安らぎにすぎなかった。かれは再び、運命に翻弄されることになるからである。謙作は直子との間に授かった長男を、生後間もなく亡くす。のみならずかれは、直子とかの女の従兄の過ちに遭遇する。謙作が朝鮮に出かけている留守中に、直子の従兄が京都の家を訪ねてくる。そこに滞在中従兄が、強引に直子と関係をもったというのがそれである。その一件を妻から告白された謙作は、ひとまず妻を赦す。しかしそれ以降、謙作の生活は再び行き詰まる。それを打開するためにかれは、伯耆《ほうき》の大山《だいせん》に出かける。読者の皆さんはもう、こういう話の展開に飽き飽きされてきたかもしれない。『暗夜行路』は高いプライドをもつ主人公が、精神的にもがき苦しむ物語である。ロクに仕事もせずに食べていけるかれは、わたしたちの同類と言えない。――しかしかれは、いわば精神の貴族である。そういうかれの苦闘にわたしたちは、共感と憐憫を覚えずにはいられない。

謙作は大山登山の最中に、半死半生の状態に陥る。その際かれは、不思議な陶酔感を覚える。つまりは自分の精神も肉体も、大きな自然のなかに溶け込んでいくのを感じる。本書の関心ではそれは、卑小なプライドを超えた、一つの宗教的境地ということにもなろう。その後かれは、ようよう逗留中の寺に戻り、床に就く（病状は一応、重篤な急性大腸炎ということになっている）。面白いのは小説の構成が、ここから少し変わることである。すなわち小説は、主人公の心境と離れたところで動き始める。電報で急を知った妻直子が、京都からかけつける。小説は直子が、衰弱しきった謙作を前にこう思う場面で終わっている。「助かるにしろ、助からぬにしろ、兎に角、自分は此人《このひと》を離れず、何所《どこ》までも此人に随《つ》いて行くのだ」と。読者はここで、こう感じる。主人公がはじめて、(妻といえども)他者から承認された、と。しかし遺憾なことに、その後の主人公の心境はそこには書かれていない。

父親的存在

「自己とは何か」ということは古来、哲学の根本問題であり続けてきた。しかしここで、そういう面倒な問題に取り組むつもりはさらさらない。本書では以下、家族・地域・階級・容姿・学歴などの主題を扱う。自己もそれらと同じく、一つの社会事象である。つまりは人々のさまざまな相互作用のなかに、自己という現象が生まれる。それが本書の依拠する、社会学の基本的立場である。もっとも「プライドの社会学」という文脈では、自己は特別な様相をもつ。というのも自己は、プライドの担い手であるからである。あるいはまたこう言ってもよい。自己は各人のプライドの、最終的な決定者(精神分析で言う審級)である、と。たとえば自分の容姿に自信があり、学歴に自信のないAと、自分の学歴に自信があり、容姿に自信のないBがいたとしよう。その際AやBのプライドのありようを最終的に決定するのは、AやB自身である。その意味では人間は、自己決定権をもつ存在なのである。

自己という現象について精神分析は、いまだに多くの知見を提供してくれる。その創始者フロイトが心的装置を、三つの審級(instance)=自我・エス・超自我によって分析したことはよく知られている。ちなみに審級とは、元々法律用語である。すなわちそれは、(三審制などと言うように）裁判所の審理の上下関係を表す。エス〔本能的な自我〕と超自我〔道徳的な自我〕が、基本的な対立関係をかたちづくる。その中間で自我が、いわば宙づりの状態におかれている。それが三つの審級について、フロイトが思い描く基本的な構図である。もっとも詳細に見れば、それに関するフロイトの議論はより複雑である。フロイトが心的装置の三つの審級＝自我・エス・超自我を明示したのは、『自我とエス』（一九二三年）においてであった。そこでかれは、心的なものを意識的なものと無意識的なものに区分する。そして無意識的なものの存在を認めることが、精神分析の理論の前提であると説く。

その上でフロイトは、心的装置の三つの審級を提示する。かれはまず、自我（Ego）が能動的というよりも受動的な存在であると言う。すなわち自我は、何かはっきりしない存在によって衝き動かされている、と。この何かはっきりしない存在をフロイトは、エス（Es）と呼ぶ。エスはドイツ語で、英語のitにあたる言葉である。それはitと同じく（「本日は晴天なり」をIt is fine today.と言うように）、非人称構文の主語に立てられる。すなわちそれは、何かはっきりしないものを表す言葉なのである。エスを心的審級の一つとして想定するというのは、フロイトの創見ではない。その着想をフロイトは、〔ドイツ人医師で、文通相手であった人物を介して〕ニーチェに負っているらしい。たとえば『善悪の彼岸』（一八八六年）で、ニーチェはこう言う。「思想というものは、エス〔それ〕が欲するときにやってくるもので、自我〔わたし〕が欲するときにやってくるものではない」と。

どうやらニーチェは、思考の主体は「わたし」ではないと言いたいらしい。そういう論議に入り込むことも、それはそれで面白い。しかしここでは、話をフロイトに戻すことにしたい。フロイトは自我とエスの関係について、自我はエスから発生し、分離したものであるととらえる。そしてエスが快楽原則で動くのに対して、自我は現実原則で動く、と。つまりはエスが欲望や本能を表現するのに対して、自我は理性や分別を表現しているわけである。自我は「奔馬を統御する騎手」ではない、とフロイトは説く。そこには本能的なものを直視する、かれの人間観が明快に示されている。しかしここで、三つ目の心的審級として超自我（Über-Ich）が登場する。いやそう言い切るのは、必ずしも正確ではない。というのも「超自我」は、そこで「自我理想（Ich-Ideal）」とも表現されているからである。つまりは『自我とエス』では、「超自我」と「自我理想」が明確に区別されていないのである。

フロイトはそこで、自我から「超自我（自我理想）」が分化する過程を問題にする。その過程はまさに、エディプス・コンプレックスの理論によって説明される。男の子は最初、両親をともに愛している。しかしやがて、父親を排し、母親と結ばれたいと願うようになる。その際男の子にとって、父親はアンビヴァレントな（愛憎相半ばする）存在となる。この心的葛藤＝エディプス・コンプレックスを克服するのに男の子は、ほかでもない父親の力を借り受ける。すなわち男の子は、自分の欲望の禁止者としての「父親」を自分のなかに取り込む。――この自分のなかの父親的存在のことを、フロイトは「超自我（自我理想）」と呼ぶ。そしてそれが、道徳的なものの根源にあたるというのがフロイトの所説である（なお女の子についても、これとほぼパラレルな説明がなされる。すなわち女の子は、「母親」を自分のなかに取り込むことでエディプス・コンプレックスを克服すると説明される）。

理想的な人間像

もっとも本書では、そういう「超自我」の通説的解釈にはさほど関心はない。「プライドの社会学」を標榜する本書では、かれの「自我理想」概念に関心があるのである。それをめぐるフロイトの議論には、多少の紆余曲折がある。「自我理想」はすでに、『ナルシシズム入門』（一九一三年）に出てくる。フロイトはそこで、こう言う。ナルシシズム（自己愛）は本来、子どもに特有の心的機制《メカニズム》である。しかし大人もまた、その代替的な心的機制をもっている。すなわち理想化された自己としての、「理想自我（Ideal-Ich）」の形成がそれである、と。この理想の自我は人間にとって、現実の自我を評価する基準となる。そして理想の形成によって自我の抑圧が生じる、とフロイトは説く。それはプライドについて考える際に、大いに参考となる着想ではないかとわたしは思う。ともあれ「自我理想」と「超自我」は、元々別個の概念であった。しかし『自我とエス』では、その区別がなくなる。

というよりも「自我理想」は、いったん「超自我」の背後に隠れる。その二つが最終的に区別されるのは、『続精神分析入門』（一九三二年）においてである。ということでここでは、このフロイトの晩年の書物を取り上げることにしよう。フロイトはそこで、自身の学問的立場を「自我心理学」と呼ぶ。そして自我は、自分自身を客体化（観察したり、批判したり）することができると説く。今日的な用語を使えばそれは、自我が自己準拠的なシステムであるということである。その上でフロイトは、『自我とエス』での「超自我」に関する議論を繰り返す。かれはこう言う。「超自我」とは別名、良心である。「超自我」は自我を、道徳的に監視する。かつて両親が、子どもに対してそうしたように、と。この説明には特段、目新しいものは何もない。しかしフロイトは、続けてこう言う。「超自我」は両親の非情さや厳格さを受け継いでいるにしても、温和さや寛大さは受け継いでいない、と。

そこからかれは、「自我理想」に関する議論に向かう。そこでのフロイトの議論を図式的に整理すれば、こうなる。「自我理想」は本来、子ども時代の愛に満ちた＝理想化された両親の表象を取り込んだものである。それは人間にとって、自我の模範（自分を測定する基準）となる。そして人間に対して、「いつまでも尽きることのない完全化」を求める。その結果「自我理想」は、人間に劣等感を生じさせる（「超自我」が人間に、罪責感を生じさせるのに対して）。したがって『ナルシシズム入門』から『続精神分析入門』まで、フロイトの議論はほぼ一貫している。人間は現実の自我とは別に、理想の自我＝理想化された自己像をもっている。それは人間に、自分の「あるべき姿」を提示するというのがそれである。本書にとってもそれは、大いに示唆に富むものである。というのもそこでは、人間がプライドをもつ＝自分自身を価値的に評価することの心的機制が解明されているからである。

『暗夜行路』の主人公が仕事の上で、容易に実現しえない目標をおいていたことはさきに触れた。ここでもう一つ、それに類することをあげておこう。『暗夜行路』の主人公は自分の周囲の人々に対して、すこぶる批評的である。かれは内心、周囲の人々の美点や欠点を始終論《あげつら》っている。それは『暗夜行路』が、主人公の心境を中心に構成されている以上は当然のことである。しかし主人公が、周囲の人々を種々批評できるのはなぜか。それはかれが、人間の「あるべき姿」を思い描いているからである。たとえば前篇には、多くの芸者や女給や私娼が登場する。かの女たちはことごとく、主人公の品定めの対象となっている。そして最終的には、だれ一人として主人公の眼鏡にかなう女はいなかったように映る。小説のなかで主人公の謙作にとって、特権的な存在の女性が一人いる。それは謙作が幼いときに亡くなった、かれの母親である。すなわち母親は、かれにとって理想化された存在である。

『暗夜行路』で主人公の女性遍歴は、この理想化された女性像を追い求めるという一面をもっている。前篇でかれは、そういう理想的な女性に巡り合うことはできない。そしてまたそれは、後篇においてもまったく同じである。さきに述べたように謙作は、後篇で結婚をする。その際かれの結婚は、水辺で女を見初めることを機縁としていた。当初かれは、妻になる女＝直子を大いに理想化している。しかしかれが、現実の妻に直面しなければならなかったことは断るまでもない。わたしは『暗夜行路』の主人公が、けっして特異な存在とは思わない。——というのも理想的な人間像を心のなかに思い描くことは、わたしたちの共通の経験に属するからである（そういう理想的な人間像が現実のなかで粉々に打ち砕かれることも含めて）。それはまさに、プライドのもつ二面性と対応している。すなわちプライドのために、わたしたちは栄誉に浴することもあれば、恥辱に塗《まみ》れることもあるのである。

優越性の追求

フロイトの影響下で生まれた議論のなかではまず、K・ホーナイの議論が注目できる。ホーナイはドイツ出身のアメリカの精神分析学者で、新フロイト派（フロイトの欲動論を批判して、社会的・文化的要因を重視する学派）の一人と目されている。かの女は神経症の研究のなかで、プライド・システムという概念を提示した（『神経症と人間の成長』）。ホーナイは神経症的過程を、人間の不健全な成長の形式と位置づける。その前提としてかの女は、自己を「現実の自己」と「理想の自己」に区別する。「現実の自己」がそのまま自己実現を図る限りは、人間の成長は健全である。しかし人間は、時として不安に襲われる。すると内的な防衛機制が働いて、自己の理想化が行われる。すなわち人間は、「理想の自己」＝神々しい完璧さを備えた人間に自らを作り替えようとする。こういう内的な心理機制をホーナイは、プライド・システムと呼ぶ。そしてそれを、神経症的な心理機制と論断する。

したがってプライドは、それ自体病的心理である。のみならずそれは、道徳的態度ではなく、反道徳的態度であるというのがホーナイの解釈である。しかしはたして、「現実の自己」と「理想の自己」を明確に区別することができるのであろうか。新約聖書『ヨハネによる福音書』が巻頭で、「はじめに言葉があった」と説くことはさきに書いた。旧約聖書『創世記』でアダムとイヴは、知恵の木の実を食べることで楽園を逐《お》われる。それらは人間の存在理由《レゾン・デートル》について、一つの真実を告げている。すなわち人間は、言葉、観念、知性、思想、文化……をもつがゆえに人間であるという真実を。その意味では本来、「現実の自己」と「理想の自己」を明確に区別することはできない。文字通り現実的なものが理想的であり、理想的なものが現実的であるのが、人間存在の特性なのである。その上でホーナイの主張は、すこぶる示唆的である。それは人間が、プライドをもつ存在であるということである。

本書では「プライドの社会学」を展開するにおいて、プライド・システムという概念を導入する。さしあたりこれは、ホーナイの概念の借用である。システムという言葉はプライドが、一つの機制であることを表現するのに有用である。すなわちプライド・システムは、「現実の自己」と「理想の自己」の葛藤によってかたちづくられている。言い換えれば人間は、二つの自己の間で引き裂かれている。本書がホーナイとともによって立つのは、そういう立場である。もっとも本書は、プライド・システム＝神経症的な心理機制というホーナイの見解には与《くみ》しない。必ずしもそれは病的心理ではなく、ごくありふれた心理的・社会的機制であるというのが、本書の立場である。たしかにプライド・システムは、人間の劣等感や屈辱感の温床たりうる。と同時にそれは、優越感や高揚感の源泉でもありうる。その全体がまさに、わたしたちの心理的・社会的経験をかたちづくっているのではなかろうか。

「個人心理学」を標榜するA・アドラーと「自己心理学」を標榜するH・コフートの所説についても、一言触れておこう。かれらはともに、フロイトの学派と袂《たもと》を分かって、独自の学派を打ち立てた。一般にアドラーは、「劣等コンプレックス（inferiority complex）」という概念の主唱者として知られる。元々コンプレックスは、「心的葛藤」を意味する精神分析用語である。しかしわが国では、それが（アドラーの「劣等コンプレックス」の意味合いで）もっぱら「劣等感」を意味する言葉として通用しているのは興味深い。一般に人間は、優越性の目標を追求しながら生きている。それは人間に、劣等コンプレックス＝優越感と劣等感の間の心的葛藤をもたらさずにはおかない。それが神経症の原因をめぐる、アドラーの基本的図式である。――そこからアドラーは、優越性の追求のいかにあるべきかを問題にする。そしてそれは、コミュニティ感覚をともなうものでなければならないと説く。

劣等コンプレックスをめぐるアドラーの議論は、「プライドの社会学」の先行研究にあたる。それと同じことは自己愛（ナルシシズム）をめぐる、コフートの議論についても言える。フロイトが自己愛の代替物として、「自我理想」の形成を問題にしたことはさきに書いた。コフートの議論はまさに、その延長線上にある。コフートは自己愛の構成態として、「誇大自己（grandiose self）」と「理想化された親イマーゴ（idealized parent imago）」をあげる。コフートはこう説く。

人間は一生を通じて、自己愛を保ち続ける。ただしそれが、健全に成熟する場合とそうでない場合がある。ひとえにそれは、他者と安定的な関係を築けるか否かということにかかっている、と（自己愛の成熟が不健全な場合をかれは、自己愛性パーソナリティ障碍と呼んでいる）。このコフートの議論はプライドが積極的な価値をもつ場合とそうでない場合の区分について、一つの示唆を提供してくれるものである。

コミュニティの代用品

フロイトの「自我理想」概念を継承するということでは、E・H・エリクソンのアイデンティティ概念を逸することはできない。というのもそれは、広く人口に膾炙《かいしゃ》する用語であるから。そのこと自体は学問にとって、一つの慶事にあたる。しかし人口に膾炙することで、それが通俗化することは避けがたい。アイデンティティは今日、そういう制約をもつ用語と化しつつある（同じことはおそらく、コミュニティにもあてはまる）。エリクソンはホーナイと同じく、ドイツ出身のアメリカの精神分析学者である（アドラーとコフートはオーストリア出身で、アメリカに移住）。エリクソンは『暗夜行路』の主人公と同じく、出生の秘密を有している。かれはドイツで、ユダヤ系デンマーク人の母親の婚外子として生まれた。母親は息子に、父親のことを最後まで明かさなかった。したがってエリクソンの実父は、結局は不詳ということになる（一説にはデンマーク人の芸術家が、実父と言われる）。

母親がユダヤ系ドイツ人の医師と再婚した（エリクソンの実父でない別の男性との初婚は、死別に終わった）ために、エリクソンは継父をもつことになった。かれは三歳にして、継父とどう関わるかという問題に直面することになった。のみならずマージナル・パーソンとして、ドイツ人コミュニティとどう関わるかという問題にも。ギムナジウム（中等学校）卒業後かれは、芸術学校に入学する。しかしそこを卒業することなく、二十歳代後半まで各地を遍歴する。その後かれは、精神分析学者のA・フロイト（フロイトの娘）と知り合う。そしてかの女の指導の下に、フロイト派の精神分析を学ぶことになる。あえてエリクソンの「身元《アイデンティティ》」を調査したことには、それ相応の理由がある。一見して明らかなようにエリクソンは、恒常的なアイデンティティ危機と長期的なモラトリアム期間をともに経験している。つまりはそれらの概念は、かれ自身の経験から生まれた概念であるということである。

モラトリアム（社会的役割の猶予）も今日、広く人口に膾炙する用語となっている。しかしここでは、話をアイデンティティだけに絞ろう。エリクソンは人間の発達段階を、いくつかに区分する。そしてそれぞれの段階で、健全な人間が達成すべき課題を提示する。そういう課題の達成＝発達を通じて人間は、アイデンティティの感覚＝「自分が何であるのか」という自覚をもつようになる。それが大略《たいりやく》、エリクソンのアイデンティティの理論である（『アイデンティティとライフサイクル』）。おそらく発達心理学的には、より懇切丁寧な説明が必要なのであろう。しかしわたしは、その必要性をさほど感じない。さきに見たようにエリクソン本人が、さまざまな課題の達成に躓《つまず》いた＝アイデンティティ拡散の人生を送っているからである。のみならずかれの議論が、発達心理学に特有のイデオロギー性をもつことも気になる。あくまでもそれは、「健全な人間」を前提とした議論と言うほかない。

アイデンティティ概念はそれ自体、「理想の自己」の表明にあたるとわたしは思う。したがってそれは、「現実の自己」との間で軋轢を生じずにはすまない、と。エリクソンはアイデンティティが、社会的な文脈のなかで形成されるととらえている。すなわちアイデンティティは、（自己完結的なものではなく）他者による承認を必要とするというわけである。たとえば学校や職場に帰属することで、「身分証明書《アイデンティフィケーション・カード》」が発給される。それはまさに、他者によるアイデンティティの承認にあたる。さて心理学者は、（「親密な関係」という意味での）コミュニティをアイデンティティの基盤ととらえる。しかしそこに、アイデンティティをめぐる通俗的解釈が生まれる余地があるのではなかろうか。一つ疑問を発しよう。いったいいつから、アイデンティティが重視され始めたのか、と。社会学者はそれに、こう答えるであろう。まさにコミュニティが壊れたときに、アイデンティティが生まれた、と。

もしコミュニティが厳然と存在しているならば、アイデンティティの追求など不要であろう。――ポーランド出身のイギリスの社会学者Z・バウマンは『コミュニティ』のなかで、アイデンティティをコミュニティの代用品と喝破した。かれはこう言う。「アイデンティティはコミュニティの墓場で芽吹くが、この死者の復活を約束することで繁茂する」と。要するにアイデンティティティは、コミュニティを希求する（それゆえに人々に愛好される）概念であるというのである。このことは本書での、プライド概念の解明にとってもアリアドネの糸になる。プライドをもつことは今日、わたしたちの重要な課題となりつつある。すなわち自分自身に誇りをもつことが、わたしたちの生存の条件となりつつある。その際アイデンティティと同様に、プライドもまたコミュニティの代用品かもしれない。というのもコミュニティのないところには、プライドもまたないからである。

ホーナイはプライドに取り憑かれた＝病的なまでに自己を理想化した人物として、ファウストをあげている。ファウストは『ファウスト』第一部で、自分のなかに二つの魂があると言う。一つは地上的な欲望であり、いま一つは天上的な理想である、と。おそらくそれらは、コフートの言う自己愛の二つの構成態＝「誇大自己」と「理想化された親イマーゴ」（前者は「野心の極」、後者は「理想の極」とも呼ばれる）に対応しているのであろう。もっともファウスト自身も言うように、それらは一つの人格のなかに同居していることが重要である。そのことは本書の主題であるプライドについて、次のことを示唆している。あるプライドはよく、あるプライドは悪い、と単純に言うことはできない。――『暗夜行路』の主人公がかかえた問題は、もっぱら家族に関わるものであった。家族はよくも悪くも、プライドの大いなる源泉である。わたしたちは次に、家族について考えてみることにしよう。

第2章

家族——お前の母さんデベソ

退場処分

わたしが子ども時代を送ったのは、一九六〇年代ごろである。テレビはすでに、子どもの生活にしっかり入り込んでいた。しかし当然のことながら、テレビゲームもパソコンも携帯電話も何一つなかった。都市部ではもう、子どもを進学塾に通わせる習慣が生まれつつあった。しかし「中学受験」を目指す子どもは、圧倒的に少なかった印象がある。その意味ではわたしたちは、結構子どもらしい子ども時代を送っていたわけである。つまりは仲間を組んで、野山や路地を駆け回っていたのである（わたしが男性なので、こういう表現をしている。おそらく女性ならば、別の表現が可能なのであろうと思う）。そういう光景が今日、まったく地を掃ってしまったわけではない。しかし子どもの外遊びを目にする機会は、年々減っているように思われる。そのことには子どもの遊びの変化も、大いに関わっているに違いない。いまではプレイもゲームも、液晶の画面上で種々展開されているのであろう。

そのことにいまさらケチをつけるつもりは、もうとうない。わたしは自分たちの子ども時代を、「子どもらしい子ども時代」と書いた。しかし何がそうであるかは、そう簡単な問題ではない。わたしはただ、こう言いたかったまでである。わたしの子ども時代は今日よりも、ずっと未開な＝文明化されていない状態にあった。その意味でわたしたちは、昔の子どもにより近い状態にあった、と。たとえば柳田國男の『こども風土記』（一九四一年）には、「かごめかごめ」が取り上げられている。この遊びはわたしの子ども時代には、何とか余命を保っていた。しかしはたして、いまはどうであろうか。仲間を組んで遊んでいると、しばしば喧嘩が起きる。そのなかで時々耳にした悪口雑言に、「バカ、カバ、ちんどん屋、お前の母さんデベソ」がある。この言葉は品位を欠くのみならず、差別的内容を含んでいる。しかしあくまでも議論の素材、ということで読者の皆さんのご海容をお願いしたい。

この悪口の主意はご承知の通り、「お前の母さんデベソ」におかれている。『プライドの社会学』の著者としてはこう言いたいところである。あるとき悪友から、「お前の母さんデベソ」と言われた。思いがけず母親の悪口を言われて、わたしのプライドはひどく傷ついた、と。しかし話は、それほど単純ではない。実際には「お前の母さんデベソ」は、ほとんど儀礼的な意味で使われていた。したがってそう言われたからといって、プライドがひどく傷つくというふうでもなかった。かといって母親の悪口を言われることは、けっして愉快なことでもなかった。中世史家の笠松宏至は「お前の母さんデベソ」が、中世の「母開《ほかい》」に由来するととらえている（『中世の罪と罰』）。笠松はこう説く。「母開」はかつて、悪口として使われた。それはまさに、母親の性器の「奇形」を言い立てる言葉であった。そしてまた母子相姦を意味する、「おやまき」や「ははまき」にも通じる言葉であった、と。

要するに「お前の母さんデベソ」には、言外の意味があるというのである。（お世辞にも上品とは言えないが）世間には母親や姉妹をめぐる悪口を、日常的・儀礼的に使用する集団がある。

R・ライナーが監督した映画『スタンド・バイ・ミー』（一九八六年）は、アメリカの少年四人組を主人公としている。そこでは主人公たちが、始終互いの母親の悪口を言い合っている。その悪口は多分に、性的な色彩を帯びている。つまりはそこには、「お前の母さんデベソ」と同一の光景がある。S・キューブリックが監督した映画『フルメタル・ジャケット』（一九八七年）は、アメリカ海兵隊の新兵訓練所《ブートキャンプ》を舞台としている。そこでは教官の鬼軍曹が、新兵たちをのべつ幕なしに罵っている。その悪罵も基本的に、相手の母親や姉妹（もっぱらかの女たちの性的事項）をめぐるものである。魯迅が「他媽的《ターマータ》（お前の母さんを犯してやるぞ）！」を、中国の「国罵」と呼んでいるのもこれと同じである。

もっとも母親や姉妹をめぐる悪口が、いつも挨拶程度に受け取られるわけでもない。二〇〇六年七月九日FIFAワールドカップの決勝戦が、フランス代表とイタリア代表の間で行われた。——一対一で迎えた延長後半の五分、フランス代表ジダンがイタリア代表マテラッツイに頭突きをして退場処分になった。マテラッツイにユニフォームを引っ張られた際に、ジダンが「そんなにユニフォームが欲しいなら、あとでくれてやるよ」と言った。それに対してマテラッツイが、ジダンの母親や姉妹を侮辱した（具体的には母親や姉妹を娼婦呼ばわりした）ことが事件の原因と言われている。アルジェリア系移民二世であるジダンは、イスラム教徒である。しかしイスラム教徒であろうとなかろうと、相手の家族を侮辱することは禁忌《タブー》であるに違いない。それは家族が、一つのコミュニティ的な結合であるからである。サッカー選手としてのジダンのプライドの奥底にも、かれの家族があったのである。

家族のない家族

家族についてはもう、いまさら何も語ることはないようにも思う。社会学界には家族を職域とする、家族社会学者がいる。かれらを中心に社会学は、家族について数々のことを語ってきた。わたしがここで、何か目新しいことを語れるわけではない。その前に人々は、家族についてもう多くを知っている。いまさら学者の小難しい話を聞きたい者が、どのくらいいるのであろうか。しかしそう言ってしまうと、身も蓋もない話になる。元々人文・社会系の学問は、そういう性質のものである。人々はすでに、何がしかのことは知っている。言ってみればそれは、常識の範疇である。しかし学問に触れることで、常識を少しだけ突破《ブレイクスルー》することができる。それが人文・社会系の学問のなしうる、ささやかな貢献ではあるまいか。何も常識が、学問的知識よりも劣っていると言いたいのではない。知性によって自分や自分の周囲を見つめることが、人間（Homo sapiens）の宿命であると言いたいまでである。

家族社会学者は統計的データをもって、家族に接近することを一つの常套手段としている。わたしもここで、その初級者編を試みてみよう。今日の家族をめぐる大きな動向として、「核家族化」が話題になることが多い。平成二十二年（二〇一〇）の『国勢調査』の集計結果をめぐる報道のなかでも、「核家族化の進行」を指摘するものが少なくなかった。言ってみればそれが、世間の常識ということなのであろう。しかし学問的には、それに疑問がないわけではない。元々核家族（nuclear family）は、核となる家族（より正確に言えばすべての家族の基礎的な単位となる家族）という意味の言葉である。したがって（三世代同居などの）大家族も、複数の核家族から構成されているというのが社会学の立場である。その意味では「核家族化」は、社会学的に収まりが悪い用語である。しかしそれに、しつこくこだわるのもどうかと思う。ここでは核家族世帯と大家族世帯の区分を受け入れて、話を進めることにしよう。

『国勢調査』では一般世帯を、単独世帯、核家族世帯、その他の一般世帯の三つに区分している。このうち核家族世帯は、「夫婦のみの世帯」「夫婦と子どもからなる世帯」「一人親と子どもからなる世帯」の三つから構成されている。さて平成二十二年の調査では、核家族世帯の一般世帯に占める割合は五六・四パーセントであった。平成十七年（二〇〇五）の前回調査では五七・七パーセントであったので、核家族世帯の割合は減少している。この間その他の一般世帯（大家族世帯を包含）も、一二・八パーセントから一一・一パーセントに減少した。結局のところ増加したのは、単独世帯（一人暮らし世帯）である。すなわち単独世帯の割合は、二九・五パーセントから三二・四パーセントに増加した。上記のように核家族世帯を定義する限り、その割合は昭和五十五年（一九八〇）の六〇・三パーセントを頂点として減少に転じている。この間一貫して増加しているのは、単独世帯である。つまりは「核家族化」は、何十年も前に停止しているのである。

もちろんこれは、「核家族化」をどう定義するかによる。たとえばそれを、世帯当たりの人員の減少と定義するとしよう。そうであれば「核家族化」は、いまも進行していることになる。しかしそれは、大いに誤解を与える表現ではないかと思う。家族をめぐって今日、わたしたちの間で起こっていることはいったい何か。端的に言えばそれは、家族がなくなりつつあることである。もう少し丁寧に言えばこうなる。いまではもう、三世帯に一世帯が単独世帯である。もちろん公式には、単独世帯も家族の一つの形態である。しかし実際には、それはそうではないであろう。——というのも単独世帯は、家族のない家族ないしは家族でない家族であるからである。それが家族のなかで大きな比重を占めつつあることは、改めて確認されてよい。いま一つ注意すべきことは、核家族世帯の内訳である。核家族世帯のなかで一つの中心的な核をなすのは、「夫婦と子どもからなる世帯」ということになる。

それはまさに、父・母・子の三者関係からなる家族である。従来それは、典型的な家族像をかたちづくってきた。たとえばフロイトのエディプス・コンプレックスの理論は、そういう家族像の上に構築されている。さて今日、一般世帯のなかで「夫婦と子どもからなる世帯」の占める割合は二七・九パーセントである（ちなみに「夫婦のみの世帯」は一九・八パーセント、「一人親と子どもからなる世帯」は八・七パーセントである）。それを典型的な家族像として想定することは、年々難しくなってきている。こういう家族の動向を法則的に貫いているのは、個別化である。家族は従来、一つのコミュニティ的結合として機能してきた。そしてそれは、人々のプライドの大いなる源泉であった。すなわち人々は、親として、子として、夫として……プライドをもって生きてきた。もしそれが、そうでなくなるとき何が生じるのか。「家族が壊れるとき、社会もまた壊れる」という常識を疑うほど、社会学者は非常識ではない。

不幸な家庭

家族の今日的な動向を知るのに統計的なデータは、一つの有力な武器となる。しかし統計的なデータは、それ自体何も語りはしない。肝心なのはそれをどう読み解くか、という理論的なパースペクティヴである。それなしに統計的なデータは、何ら生気を放たない。そういう理論的なパースペクティヴは元々、一つの霊感《インスピレーション》である。さまざまな霊感に学問的体裁を施したものが、理論であると極言することもできる。したがって理論的な着想の機会は、どこにでも転がっている。たとえば小説を読む、あるいは映画を観ることも、そういう機会である。ということでここでも、小説を題材とさせていただく。わたしは家族の今日的な動向を知るために、ここ十数年ほどの芥川賞受賞作品にざっと目を通してみた。特段そこでは、家族のことだけが題材となっているわけではない。もっとも家族は、そこでの共通の主題の一つである。ここでは「プライドの社会学」の文脈で、三つの作品を取り上げよう。

長嶋有《ゆう》の『猛スピードで母は』(二〇〇一年下半期芥川賞受賞作品。以下同)の主人公の母子は、北海道の小都市に住んでいる。母親は東京で結婚に失敗し、幼い息子＝慎を連れて北海道の実家に転がり込んだ。しかしいま(一九八〇年代ごろ)は、小学生の息子と二人で暮らしているという設定である。母親は目下、市役所の非常勤職員として働いている。かの女の仕事は母子家庭などに無利子で貸し出された、生活一時資金の返済を督促することである。もっとも督促する側の、かの女の家庭もまた母子家庭である。この間かの女が、恋愛と無縁であるわけではない。しかしそれは、再婚に行き着くものにはならない。慎は「母親の車がラブホテルに停まっていた」という言いがかりから、いじめの標的となる。それは「お前の母さんデベソ」が、挨拶同然のものではすまない場合のあることを示している。にもかかわらず主人公の母子は、一貫してプライドをもつ存在として描き出されている。

モブ・ノリオの『介護入門』(二〇〇四年上半期)の語り手＝「俺」の一家は、奈良県の桜井市に住んでいる。一家は三十歳前後の無職の(自称音楽家にして大麻常習癖のある)「俺」と、かれの母親と祖母の三人家族である。祖母は目下、自宅で寝たきりの生活になっている。日中は一応、介護ヘルパーが世話をしてくれる。しかし夜間は、介護の人手がない(母親は亡夫の後を継いだ会社の仕事で、日中フルタイムで働いているから)。ということで祖母の介護の重責が、「俺」にのしかかるというのが物語の設定である。具体的にはかれは、祖母の隣で寝て、深夜二回襁褓《おしめ》の交換をしなければならない。そして日中は、二階の自室でぼんやりと時を過ごしている。「俺」にとって祖母の介護は、自己の生存を確認する機会となっている。言い換えればそれが、かれのプライドの源泉になっている。かれは「朋輩《ニガー》」にこう語る。「此処で生きられなければ、俺はどこで生きることもできない」と。

中村文則の『土の中の子供』(二〇〇五年上半期)の語り手の「私」と同居者の白湯子《さゆこ》は、それぞれ大きな心の傷《トラウマ》をかかえている。「私」は幼少期に実親に捨てられ、遠縁の家に引き取られる。そこでも養親から虐待を受け、最後に施設に保護される。(二十七歳になった)いまかれは、タクシー運転手をしている。しかしかれは、恒常的な恐怖や不安にさらされている。そして始終、自殺の衝動にかられている。幼少期に受けた虐待が、かれの心の傷になっているのである。具体的にはかれは、養親から暴行を受け、育児放棄《ネグレクト》の末に、山中に生き埋めにされる(が、危うく救い出されている)。白湯子は父親がアルコール依存症の、荒《すさ》んだ家庭に育った。長じてのちかの女は、好きになる男のタイプが自分の母親と似ていることに気づく。そういう男の一人との間に授かった子を死産したことが、かの女の心の傷となっている。いったい二人のプライドの何であるか、を簡単に語ることはできない。

要するにそこには、家族のさまざまな情景がある。もし他の芥川賞受賞作品も取り上げるならば、その厚みをさらに増やすことができるであろう。トルストイはかつて、こう述べた。――幸福な家庭がみな似通っているのに対して、不幸な家庭はみなそれぞれに不幸である、と(『アンナ・カレーニナ』)。その真偽はともかくも小説は、社会学の辞典とは異なる。つまりはそこには、辞典的=標準的な家族の情景はない。ましてや芥川賞受賞作品ともなれば、なおさらである。そこに描かれるのは、さまざまな家族の問題に直面し、それを何とか突破《ブレイクスルー》しようとする人々の姿である。『土の中の子供』の「私」が保護された施設には、トクという少年がいる。かれは

「不幸な立場が不幸な人間を生む」という公式に、強く異議を唱える。「それじゃあ、あいつらの思う通りじゃないか」と。二十七歳で施設を再訪した「私」は、トクの自殺を知る。「私」の行く手は暗く、光はどこにも見いだせない。

トクの公式

アメリカの家庭教育学者D・L・ノルトの詩 *Children Learn What They Live* は最初、一九五四年にアメリカの地方紙に掲載された。やがてそれは、広く世間に流布するようになった。この間ノルト自身が、その改作を何度も行った。今日一般に流通しているのは、一九九八年に著作化されたときの版である（以下の引用はこれによる）。この詩はわが国でも、結構流通している。最初それは、「アメリカ・インディアンの教え」と誤解された。皇太子殿下が会見のなかで、この詩を紹介されたこともある（そのとき殿下は、三歳の娘＝愛子内親王殿下の子育ての最中であった）。さてわが国では、この詩の表題は「子は親の鏡」と訳されることが通例である。しかしそれは、相当な意訳であると言わねばならない。おそらく原題を（言外の意味を補いつつ）直訳すると、「子どもはどう生きるかを（環境から）学ぶ」ということになろう。すなわち原題は、親子関係に直接的に言及していない。

そういう姿勢は本文でも、そのまま貫かれている。すなわち冒頭の三行は、原文ではこう書かれている。**If children live with criticism, they learn to condemn. If children live with hostility, they** learn to fight. If children live with fear, they learn to be apprehensive. これが邦訳書では、こう訳されている。「けなされて育つと、子どもは、人をけなすようになる。とげとげした家庭で育つと、子どもは、乱暴になる。不安な気持ちで育てると、子どもも不安になる」と。原文が語るのは、必ずしも「子は親の鏡」ということではない。ノルトはたんに、「子どもはどう生きるかを（環境から）学ぶ」と言っているだけである。しかしそれを、親子関係（とりわけ親の子育て）の問題として解釈しているのが邦訳書である。その結果として子どもは、親によってもっぱら教化される存在になっている。はたしてそれは、ノルトの詩の本来の趣旨に合致しているのであろうか。

というのもノルトは、学習主体としての子どもを尊重しているからである。それでも環境はバカにならない、ということがどうやらかの女の主張らしい。そういうノルトの著作は子育ての権威書《バイブル》として、多くの親たちから支持されている（さだめしかれらは、子どもの生育環境の改善に日々精励しているのであろう）。率直に言ってそれは、ほとんど衛生無害な作品である。しかし社会学者としては、それが固有のイデオロギー性をもつことを指摘せざるをえない。というのもすべての子どもが、「良好」な生育環境を提供される保証はどこにもないからである。もし『土の中の子供』のトクが、ノルトの詩を読んだとしたらどうであろう。疑いなくかれは、ノルトを「あいつら」の代理人《エージェント》と思うであろう。イエスは『マタイによる福音書』のなかでこう述べている。「豊かな者はますます豊かになり、貧しい者はますます貧しくなる」と。結局のところノルトが言っているのは、それと同じである。

今日の親子関係を読み解く鍵概念《キーワード》の一つに、アダルト・チルドレンがある。元々それは、アルコール依存症者の治療のなかで提起された。すなわちアルコール依存症者の生育環境をたどっていくと、その親も同じ嗜癖（addiction）をもつ場合の多いことが判明した。そういう親子関係はやがて、薬物・虐待・浪費・賭事・過食（拒食）などの嗜癖者の場合にも認められることが判明した。そこから機能不全の家族のなかで育ったために、大人になりきれない子ども（実年齢からすれば大人）のことをアダルト・チルドレンと呼ぶようになった。したがってそれは、たんに子どもっぽい大人をさす用語ではない。大人の社会的不適応の根源をかれまたはかの女の生育環境に求めるところに、この概念の特徴がある。そしてまたそれは、さまざまなかたちで拡張解釈されてきた。わが国でも父親の仕事中毒、母親の過干渉、嫁姑問題などが、アダルト・チルドレンを生み出す要因として注目されてきた。

しかしまあ、それは枝葉の話である。重要なのはアダルト・チルドレンが、ノルトの詩とパラレルな関係にあることである。まさしく子どもは、どう生きるかを（環境から）学ぶわけである。『土の中の子供』に登場する「私」や白湯子やトクは、いずれもアダルト・チルドレンにあたる。三者はそれぞれ不遇な子ども時代を過ごし、いまもそれぞれ社会的な不適応に苦しんでいる（トクの自殺も含めて言えば）。――ここでは「不幸な立場が不幸な人間を生む」という、トクの公式が厳然と成立している。もし家族の機能不全が常態化しつつあるならば、わたしたちは皆アダルト・チルドレンということにもなりかねない。そのなかでわたしたちのプライドは、非常に脆く、傷つきやすいものになっている。『土の中の子供』は「私」が、白湯子とともにかの女が死産した子どもの墓参りに行こうと思う場面で終わっている。はたしてかれらは、人生の再スタートを切ることができるのであろうか。

治外法権

一般に家族は、人間のプライドの大いなる源泉である。それは家族が、コミュニティ的な結合であるからである。つまりは家族のメンバーは、感情的に融合している。Aの喜びはBの喜びであり、Bの喜びはAの喜びである（そしてまたAの悲しみはBの悲しみであり、Bの悲しみはAの悲しみである）という構図がそこにはある。しかしそれは、あくまでも理論的な図式である。実際には家族の結合には、さまざまな亀裂が生じている。そしてそれは、いつ何時家族を破綻に追い込むかもしれない。にもかかわらずコミュニティ的な結合を維持しようとする行為の連関が、家族をかたちづくっている。たとえば子が親を誇りに思う、というのはごく一般的な感情である。しかしもし、その親がロクでもない親であったとしたらどうか。それでも子は、その親を誇りに思うかもしれない。かりにもかれまたはかの女が、親である限りは……。そこにコミュニティとしての、家族のかかえる難題がある。

近年社会問題と化しつつある家族問題の一つに、子ども虐待（児童虐待とも言う）がある。本来それは、家庭内の問題である。しかしそれは、家族問題の範疇を踏み越えている。そこに社会問題としての、子ども虐待の本質がある。厚生労働省によると平成二十三年度（二〇一一）に全国の児童相談所で対応した児童虐待の相談件数は、五万九八六二件であったとのことである。平成二十一年度（二〇〇九）は四万四二一一件であったので、二年で一気に一万五千件以上増加したことになる（なお平成二十二年度は、福島県を除いて五万六三八四件であった）。この件数が最初に公表された平成二年度（一九九〇）以降の、長期的な傾向はどうか。平成二年度の一一〇一件から今日までそれは、まさに右肩上がりに増加している。この数字は必ずしも、子ども虐待の実態を反映していないと言われている。というのもそれは、児童相談所の対応能力によって制約されているから。すなわち交通違反の件数が、警察の摘発能力に制約されているのとまったく同じである。

のみならず本来、家庭内の問題を社会的に掌握することには固有の困難がある。——ある意味では家庭は、治外法権（extraterritoriality）の空間なのである。ちなみに警察庁は、平成十一年（一九九九）から児童虐待事件に関する統計をとっている。それによると平成十一年の被害児童数は、一二四人であった。それが平成二十三年には、三九八人に増加している（ただし死亡児童数は、四五人から三九人に減少している）。これまで子ども虐待は、家庭の闇の奥深くに隠されていた。しかし今日、それは白日の下にさらされつつある。こう言ってもよい。元々「子ども虐待」という概念そのものが、社会的に認知されていなかった。それが社会的に認知されることで、はじめて「子ども虐待」の存在が明らかになった、と。その上で「子ども虐待」を生み出す、社会的な機制《メカニズム》の何であるかが問われてしかるべきである。おそらくさきに触れた、家族の機能不全はそれに関係しているのであろう。

親は子どもを、経済的に扶養するとともに、道徳的に教育する責務を負っている。子ども虐待は親が、そういう責務を放棄することにあたる。その意味でそれは、家族の機能不全そのものである。英語で「虐待」にあたる言葉は、abuseである。元々abuseは、「乱用（あるいは悪用）」を意味する。たとえば薬物の乱用にも、abuseが使われる。いったい子ども虐待において、乱用されているのは何か。さしあたりそれは、親の地位であり、権利であるということになろう。しかしまたそれを、プライドの乱用と言ってもよい。子ども虐待において親は、親としてのプライドを発揮するからである。プライドの乱用と言ってもよい。（アダルト・チルドレン一般と同じく）子ども虐待には親子間・世代間の連鎖がある、と指摘される。その際「親に虐待される子」が「子を虐待する親」に変貌する過程は、まことに劇的である。そこでは子＝被虐待者の「負のプライド」が、親＝虐待者の「正のプライド」に転化するからである。

もちろんここでの「正」と「負」という表現には、道徳的・美学的評価はいっさい入っていない。「プライドの社会学」の文脈では子ども虐待は、（親が）自己のプライドを回復するために（子どもといっても）他者のプライドを剝奪する行為と理解できる。そこではプライド・システムが、道徳的に邪悪な、そして美学的に醜悪な姿をさらしている。それとまったくパラレルなのは、いわゆるＤＶ＝配偶者暴力や恋人間暴力である。そこでもまたプライド・システムの機能不全が、親密な他者に対する暴力の要因になっている。子ども虐待は子どもに、アタッチメント（愛着）の問題を生じさせると専門家は説く（西澤哲『子ども虐待』）。アタッチメントの対象を失うことで子どもは、恒常的な恐怖や不安に襲われる、と。もっともそれは、子どもに限った話でもないように思う。つまりは不安定な家族関係のなかで、大人も子どももアタッチメントの対象を見いだしにくくなっているのである。

聖なる家族

家族は現実的なものであるとともに、理想的なものとしての性格をもつ。言い換えれば家族は、コミュニティ的な理想の下に創設され、運営されている。家族はそれぞれ、その理想的な物語を紡いでいる。であるがゆえに家族は、アタッチメントの対象になりうるのである（もちろんこれまで述べてきたように、そうならないことも ままある）。家族がアタッチメントの対象になりうることを、きわめてリアルに示す資料がある。第二次世界大戦の戦死者が遺した手記が、それである。そういう手記としてはまずもって、日本戦没学生記念会編『きけ　わだつみのこえ』が著名である。最初それは、東大戦没学生手記として別タイトルで刊行された（一九四七年）。それが日本戦没学生手記として、現タイトルで刊行されたのは一九四九年のことである。以来六十年以上ものの間、それはさまざまな改版を経てきている。現在最も入手しやすいのは、「新版」と銘打った岩波文庫版（一九九五年）である。

これを含めて『きけ わだつみのこえ』は、深刻な編集問題をかかえている。そのことは一九四九年の初版以来、一貫して巻頭におかれている渡辺一夫の「感想」からも明らかである。渡辺はそこで、こう言っている。自分は編集部に、「過激な日本主義的なことや戦争謳歌に近いこと」も全部採録するのが「公正」と主張した。しかし結果的に、その主張は受け入れられなかった、と（渡辺は続けて、何でも採録することだけが「公正」ではないと弁明している）。しょせんは印象の問題なので、何とも言い難いところがある。しかし『きけ わだつみのこえ』を読んで、読者の多くはこう思うであろう。この暗黒の時代にも自由主義的な思潮が、ひそかに命脈を保っていた、と。それがまさに、『きけ わだつみのこえ』の編集方針であった。『きけ わだつみのこえ』の編集方針は時代とともに、微妙に変化した。当初それは、（対国家・対軍部という文脈において）戦死者の被害者性を強調していた。

　しかしやがて、（対周辺諸国という文脈において）戦死者の加害者性を強調するようになった。この間編集主体の陣容も、大きく変化したとのことである（保阪正康『「きけわだつみのこえ」の戦後史』参照）。しかし「過激な日本主義的なことや戦争謳歌に近いこと」を採録しない、という編集方針には変化はなかった。すなわちそれは、あくまでも反戦的・反軍的な立場を堅持してきた。もっとも『きけ わだつみのこえ』だけが、戦死者の手記ではない。靖国神社では昭和三十五年（一九六〇）から、社頭で戦死者の遺書や遺詠あるいは戦死者の遺族の書簡などを掲示している。それを編集して、刊行したのが、『英霊の言乃葉』という冊子である。「英霊」とは戦死者についての、靖国神社的表現である。そのなかには戦死（戦傷死や戦病死を含む）した軍人・軍属・準軍属などに加えて、国際軍事裁判による「戦争犯罪人」として刑死もしくは監獄死（法務死と称される）した者も含まれる。

『英霊の言乃葉』が一定の編集問題をかかえているのは、『きけ わだつみのこえ』がそうであるのと同じである。つまりは前者も、固有の編集方針の上に立っている。端的に言えばそれは、「大東亜戦争」は国を守るための戦いであった（その意味でそれは、政治的あるいは道徳的にけっして断罪されるべきものではない）ということである。その是非をめぐる論議に踏み込むことは、ここでは控えたい。ここで関心をもつのは、戦死者の手記そのものである。戦没学生の手記としての『きけ わだつみのこえ』に比して、『英霊の言乃葉』はより多様な人々の手記を採録している。（軍隊内の）階級、年齢、学歴、信仰、性別などを異にする、多様な人々の手記を。とりわけ強く印象に残るのは、特攻隊（神風特別攻撃隊ならびに回天特別攻撃隊）の若者の遺書である。その大半は父母、妻子、きょうだいなどの、家族宛に書かれている。元々遺書とは、そういうものであると言えばそれまでである。

しかし特攻隊員が、出撃にあたって家族宛に言葉を遺すというのは重い意味をもつように思われる。かれらにとって家族は、ほとんど聖化されている。――そこにはまさに、「聖なる家族」の物語があるのである。神風特攻隊の出撃基地となった鹿児島県知覧町（現南九州市）に、食堂を経営するおばさんと二人の娘がいた。この一家と特攻隊員は、擬似的な家族関係を構成したことが伝えられている（赤羽礼子・石井宏『ホタル帰る』）。それもまた家族が、特攻隊員のプライドの源泉であったことの一つの傍証である。特攻隊員は「聖なる家族」の延長線上に、「聖なる国家」を思い描いた。そういう論理を社会学者は、一つのイデオロギー（虚偽意識）として批判してきた。たしかに家族と国家が結びつく、論理的必然性はどこにもない。しかし特攻隊員が、家族のことを念頭に出撃して行ったことは事実である。少なくともそこには、家族を媒介とする人間のプライドの究極のかたちがある。

わたしの伯父二人は太平洋戦争で召集され、南方と中国で戦死している。しかし何分生まれる前の話で、正直実感がない。それよりは同時代的に経験した、平成七年（一九九五）の阪神淡路大震災と平成二十三年（二〇一一）の東日本大震災のほうが印象深い。二つの震災後ともに強調されたのは、「家族の絆」ということであった。メディアを通して家族を喪った（あるいは行方不明の家族を探す）人々の姿が繰り返し報道されたことは、そのことに与《あずか》って力があったであろう。と同時に危機的な状況下で、コミュニティとしての家族の重要性が再認識されたこともそれに関わっている。被災した人々が立ち上がるときに大きな原動力になったのも、家族であった。それは家族が、わたしたちのプライドの中核をかたちづくっていることを再度示している。――震災に際して「家族の絆」とともに強調されたのが、「地域の絆」であった。わたしたちは次に、地域について考えてみることにしよう。

第3章

地域――羊が人間を食い殺す

河瀬直美が監督した『萌の朱雀《すざく》』（一九九六年）は、奈良県西吉野村（現五條市）を舞台としている。そこは『夜明け前』の木曾路と同じく、「すべて山の中である」。主人公の田原孝三の一家は本人、母幸子、妻泰代、幼児の娘みちる、小学生の甥（姉の子）栄介の、五人家族である。一家は代々、林業で生計を立ててきた。折しも村に、鉄道敷設の話が舞い込む。その一環としてのトンネル工事に、孝三は従事する。しかし鉄道敷設は中断され、トンネルは無用の長物として残される。映画はそれから、十五年後の情景を描き出す（みちるは高校生に、栄介は二十歳代の青年に、それぞれなっている）。いまでは孝三は、完全に働く意欲をなくしている。一家の生計は多くを、近在の旅館で働く栄介の収入に頼っている。そしてまた周囲では、村を離れる人々の姿が目立っている。要するに村は、グローバルな近代化（と、その副産物としてのローカルな過疎化・高齢化）の波にさらされている。

ある日孝三は、8ミリカメラをもって出かけ、帰らぬ人となる。その後泰代とみちるは、泰代の実家に戻る。そしてまた栄介と祖母の幸子は、栄介の勤め先の旅館に住み込むことになる。ということで孝三の死をきっかけに、一家が離散するというのが映画の結末である。その結末近くで遺族四人が、8ミリカメラに残された映像を見る場面がある。その映像はまさに、孝三の遺書としての実質をもっている。そこにはいつも通りの村の情景が、淡々と映し撮られている。それは孝三の、村人としてのプライドの表明であるようにも映る。同じ河瀬直美が監督した『殯《もがり》の森』(二〇〇七年)は、奈良市東部の山間の集落を舞台にしている。『萌の朱雀』の舞台と同じくそこもまた、「すべて山の中である」。男主人公の老人しげきは認知症で、三十三年前に亡くした妻の死をいまだに受け入れられずにいる。かれは目下、集落のなかの旧家に設けられたグループホームに他の老人たちと暮らしている。

そこに新任の介護福祉士として、女主人公の真千子がやってくる。かの女は不慮の事故で、幼いわが子を亡くしている(かの女が手を離したすきに事故死したらしい)。そしてまたそれが原因で、夫とも別れている。自分の過失でわが子を亡くした、という罪責感にいまなおかの女は苦しんでいる。したがってここには、『萌の朱雀』とほとんど同一の現実がある。つまりは地域が崩壊し、家族が解体する、といった現実がそれである。しげきは真千子に対して、最初心を閉ざしている。それは真千子が、しげきに対して心を閉ざしているのとパラレルである。しかししげきは真千子に、真千子はしげきに、次第に心を開いていく。それは二人が、死別の悲しみを共有しているから。おそらくそれが、河瀬監督の意図するところなのであろう。ある夏の暑い日しげきは、真千子の運転する車で亡き妻の墓参りに出かける。山中で車が脱輪し、真千子が助けを呼びに行っている間に、しげきは姿を消す。

真千子はようやく、しげきの姿を見つける。しげきは森の奥深くへと入っていき、真千子はそれに従う。かくして二人の、奇妙な道行きが始まる。そこでのしげきと真千子の関係は、もはや要介護者と介護者の関係ではない。むしろ死者とコミュニケーションをすることが、二人の共通の目的となっている。それを二人の、妄想の産物と見ることは自由である。もっとも森は、死者の空間（ないしは死者と生者のコミュニケーションの空間）であるというのがそこでの物語の前提となっている。そういう文脈では二人が森の奥深くに入っていくことは、すこぶる合理的である。里と山（あるいは里と海）が対立しつつ、全体として一つの世界をかたちづくっている。――古来それが、わが国の村の宇宙論的構造であった。しかし地域が崩壊するなかで、そういう構造はますます不分明になりつつある。その意味では『殯の森』の主人公たちの行動は、村人としてのプライドを賭けたものになっている。

実はわたしは、『萌の朱雀』や『殯の森』の主人公たちと同郷である。いやそう言い切ってしまうと、少し正確さを欠く。というのもわたしは、奈良盆地の盆底で生まれ育ったから。その周囲には二本の映画の舞台である山々が広がっていた、というのが正確である。わたしは盆底から、日々山々を見上げていたわけである。文化人類学者の米山俊直は「平野宇宙」に対比して、「小盆地宇宙」という文化類型を提示している（『小盆地宇宙と日本文化』）。かれは「小盆地宇宙」の典型例として、奈良盆地もあげている。もっともわたしは、大学進学時に東京に出た。米山風に言えば「小盆地宇宙」から「平野宇宙」に身を移した、ということになる。河瀬監督の作品は海外、とりわけヨーロッパの観客から支持されているらしい。それはそこに、一つの普遍的な物語が描かれているからであろう。その物語とはコミュニティの崩壊するなかで、コミュニティを愛惜する人々の物語にほかならない。

原罪の物語

一般に国家権力は、その統治の対象である領土と人民の調査を愛好する。そのうち人民の調査の最も根本にあるのが、人口調査（census）である。『日本書紀』によればわが国で最初の人口調査は、紀元前の崇神天皇の時代に行われたという。次いで天智天皇九年（六七〇）に造られたと言われる、『庚午年籍《こうごねんじゃく》』が注目される。もっともこれらは、近代的な意味での人口調査とは異なる。明治新政府は明治四年（一八七一）に、戸籍法を制定した。これに基づいて翌年、『壬申《じんしん》戸籍』が造られた。そしてそれ以降、毎年本格的な人口調査が行われるようになった。たとえば明治十年（一八七七）の人口上位の使府藩県（使は開拓使、藩は琉球藩）は、石川県（一八二万人）、新潟県（一五〇万人）、愛媛県（一三九万人）、兵庫県（一三四万人）、愛知県（一二五万人）などとなっている（表章単位未満を四捨五入。以下同）。たとえば当時の石川県は、現在の富山県や福井県の嶺北《れいほく》地方をも含んでいた。

したがって単純に、それを現在の都道府県別人口と比較することはできない。ちなみに平成二十二年（二〇一〇）の『国勢調査』による人口上位の都道府県は、東京都（一三一六万人）、神奈川県（九〇五万人）、大阪府（八八七万人）、愛知県（七四一万人）、埼玉県（七一九万人）などとなっている。同じく単純な比較はできないものの明治十年の人口は、東京府＝八八万人、神奈川県

＝七一万人、大阪府＝五五万人、埼玉県＝九〇万人であった（現在の大阪府は当時、大阪府と堺県＝九一万人に分かれ、堺県は現在の奈良県も含んでいた）。総人口の増加（三四六三万人から一億二八〇六万人に増加）を勘案しても、この間の長期的な傾向は明瞭である。すなわちかつては、農村部が人口を扶養する役割を担っていた。しかしいまでは、その役割を都市部が担っている。この間農村部から都市部に、大規模な人口移動が生じた。それが概ね、この一世紀半ほどの間に生じた出来事と言ってよい。

社会学では資本主義の発展のための先行条件として、資本の本源的蓄積を問題にする。その中核をなすのが、安価で大量の労働力の存在である。たとえば資本主義の母国イギリスでは、エンクロージャー（とりわけ十八世紀の第二次エンクロージャー）によってそれが準備されたというのが通説である。それではわが国において、資本の本源的蓄積はどのように用意されたのか。基本的には農村部で扶養していた余剰人口が、それを用意したと見ることができる。つまりは農村部から都市部への大規模な人口移動は、わが国における資本主義の発展と対応していたわけである。マルクスは資本の本源的蓄積を、資本主義の原罪に喩えている（『資本論』第一巻）。アダムとイヴが知恵の木の実を食べ、楽園を逐《お》われたことが、キリスト教における原罪であった。それはまさに、人間の存在理由《レゾン・デートル》を物語っている。つまりは人間が労働すべき、額に汗して働くべき存在であることを、それは物語っている。

これに対して資本主義の原罪は、労働者（ひいては労働者と対置される資本家）の存在理由を物語っているというのがマルクスの主張である。マルクスは労働者を、二重の意味で自由な存在と規定する。労働者は（奴隷と異なって）人格的に自由であるとともに、（資本家と異なって）生産手段からも自由である＝自分の労働力を賃金と引き換えに売るほかない存在というのである。わたしはここで、マルクスにならって資本主義の批判をするつもりはない。資本主義の発展の過程でどのような事態が地域に生じたか、ということがここでの主題である。——つまりはここでは、地域を舞台として近代社会の原罪の物語をたどりたいのである。嘉永六年（一八五三）の黒船来航はわが国を近代史に導き入れる、画期的な出来事であった。それを承けてわが国は、二百年以上の「鎖国」を改め、「開国」に舵を切った。のみならずわずか十五年のうちに、明治維新を迎えたことは改めて断るまでもない。

社会学の用語をもってすればそれは、わが国が近代世界システムに組み込まれたということである。そのことを確認するのに何も、最新の議論を援用する必要はない。マルクスは黒船来航から明治維新にいたる時代を、同時代的に生きていた。わが国は安政五年（一八五八）七月二十九日に日米修好通商条約に調印し、国際的な通商関係に本格的に組み込まれた。マルクスは同年十月八日付のエンゲルス宛の書簡で、こう書いている。「ブルジョア社会の固有の課題は、世界市場を（少なくとも輪郭だけでも）創出することであり、その市場に基づく生産を確立することである。地球は丸いので、カリフォルニアとオーストラリアの植民地化、中国と日本の開国で、この過程は完結を見ることになる」と。要するに「開国」は、グローバルな国際関係のなかにローカルな国家として組み込まれることであった。そしてそれは、わが国のローカルな人々がプライドの問題に直面する一つの機縁となった。

定住者の位置

島崎藤村の『夜明け前』は一大長編小説で、筋立ての紹介も困難を極める。まずもってそれは、嘉永六年から明治十九年（一八八六）までの三十数年間を扱っている。さきにも書いたように嘉永六年には、黒船が来航している。そしてまた明治十九年と言えば、明治維新がもう一段落ついている時代である（前年には内閣制度が確立し、三年後には大日本帝国憲法が発布される）。すなわち『夜明け前』は、わが国の近代史の黎明期を扱っている。それがいわば、『夜明け前』の社会史的な次元である。それとは別に『夜明け前』には、主人公青山半蔵の個人史的ないしは家族史的な次元がある。半蔵は木曾路（中山道の一部）の西端にあたる、馬籠《まごめ》宿（現岐阜県中津川市）の本陣の物領息子として生まれた。物語の幕が開くとき、半蔵は二十三歳である。本陣の当主は父の吉左衛門で、その下で半蔵は見習いをしている。いましも半蔵は、隣宿の妻籠《つまご》の本陣の当主の妹お民と結婚しようとしている。

正確に言えば青山の家は、本陣・庄屋・問屋（本陣は宿泊機関、庄屋は行政機関、問屋は交通機関ということになろう）の三役を兼ねている。つまりは青山の家は、旧体制のなかでは宿役人の筆頭を占めていた。半蔵は文久二年（一八六二）＝三十二歳のときに、父から家督を譲られる。

そのとき半蔵は、本陣以下の三役も継いでいる。しかし明治八年（一八七五）＝四十五歳のときに、半蔵が長男の宗太に家督を譲るときには事情が一変している。明治維新を通じて本陣・庄屋・問屋は、もう廃止されていたからである。そのときにはもう、青山の家＝宿役人の筆頭という旧体制は見る影もなかった。この間青山の家は、政治的・経済的・社会的に没落していく。これがまさに、『夜明け前』の個人史的・家族史的な次元である。半蔵の代で青山の家が没落していくことは、ただ時流のせいばかりとも言えない。半蔵が家業のかたわら学問にのめり込んでいくことも、その一因と言わねばならない。

半蔵がのめり込んでいった学問は、平田国学（平田篤胤の学統）である。しかし平田国学との関係はともかく、半蔵の思想は単純なものである。中世を否定し、古代に復帰することによって、近代を創造するというのがそれである（かれはそれを、「新しき古《いにしえ》」とも呼んでいる）。その意味ではかれの思想は、反幕的な傾向をもっていた。しかしかれの家業は、佐幕的なものでなければならなかった（結果的に半蔵は、国事に奔走するわけでもなく、家業に専心するわけでもなかった）。そこにまず、一つの矛盾があった。それでは倒幕によって生まれた、明治政府はどうであったか。はたしてそれは、かれの理想にかなうものであったか。もちろんそれは、そうではなかった。かれの目にした近代は、古代とは似ても似つかぬものであった。それもまた半蔵が直面した、一つの矛盾であった。物語の結末で半蔵が精神に異常を来《きた》してしまうのは、そういう思想的矛盾によるものと見ることもできる。

かくして『夜明け前』は、社会史・家族史・個人史の各次元での時代の変化を描いている。しかし馬籠宿が作品の主要な舞台であることは、全編を通じて変わらない。たしかに主人公の半蔵は、江戸（東京）や京都に出張したり、旅行したりしたほか、飛驒に赴任（神社の宮司の仕事で）もしている。しかしかれは、最後は必ず馬籠に戻ってくる。馬籠が中山道の宿駅として、交通の要衝であったことも興味深い。物語はそこを、さまざまな人々が往来することによって進展する。――その際半蔵たちは、ローカルなコミュニティの定住者の位置にある。そこではグローバルな近代世界システムのなかに、ローカルなコミュニティが包摂されていく過程が克明にとらえられている。『夜明け前』が作者の藤村自身の自伝的作品であることは、よく知られている。半蔵が藤村の父正樹の、半蔵の末子和助が藤村自身の、それぞれモデルと言われる。和助は十歳のときに、東京に遊学するため馬籠を出る。

ちなみにそれは、藤村の実人生と重なっている。それ以降かれは，郷里の住人になることはなかった。『夜明け前』は昭和四年（一九二九）から十年（一九三五）にかけて、雑誌に連載された。そのとき藤村は、すでに父の最期の年齢を超えていた。そしてまた時代は、世界恐慌を経て、世界列強が第二次世界大戦に向かう前段階にあたっていた。そのなかで藤村が、なぜ『夜明け前』を書いたのかについて論断は難しい。しかし今日から見ても、たしかなことが一つある。黒船来航以降グローバリズムが、わたしたちの生の条件になっていることである。『夜明け前』はまさに、そういう関心に基づく作品と言うことができる。そのなかで主人公の半蔵が、国学にのめり込むのは興味深い。それはグローバル化のなかでの、プライド確保のための一方策であったかもしれない。そのプライドはやがて、木端微塵《こっぱみじん》に打ち砕かれる。それはグローバル化のなかでの、コミュニティの運命そのものである。

失われた楽園

コミュニティという概念を社会学のなかに定着させたのは、アメリカの社会学者R・M・マッキーヴァーである（『コミュニティ』）。マッキーヴァーは社会関係を、コミュニティとアソシエーションに区分した。コミュニティは人間が、共同生活＝他の人間（あるいは人々）とともに生活している状況をさす。言い換えればそれは、「わたしたちは仲間である」という感情で結ばれた集団である。そういう集団は大小取り混ぜて、ほとんど無数に存在している。わたしは社会学の入門的授業で、「想定可能な最大のコミュニティは何か」という問題を出すことにしている。その標準的な解答は地球社会（あるいは世界社会）という意味での、「宇宙船地球号」ということになる。現時点でもわたしたちの大半は、それに若干の帰属意識をもっている。もし「宇宙人」が発見されれば、その帰属意識は一挙に高まるであろう。コミュニティについてもう一つ、きわめて卑近な例をあげさせていただく。

わたしは三行前で、「わたしたち」という言葉を使っている。これは著者の側で、勝手に「読者のコミュニティ」を想定したものである（正確に言えばそれは、著者も含み込んでいる）。そういうコミュニティが現実性をもつかどうかは、何とも言えない。さて将来的に、地球社会が内実をもつ（名簿が作成されたり、規則が制定されたりする）日が来るかもしれない。あるいはまた本書の著者や版元が、本書の愛読者クラブを組織するかもしれない（もちろん理論的絵空事にすぎないが）。このようにコミュニティを基礎として、人々が特定の目的のために組織する集団がアソシエーションである。ちなみにアソシエーション（association）は、サッカー（soccer）の語源である。元々フットボールは、非公式な競技であった。フットボール協会（Football Association）の結成によってそれが、公式な競技になった。アソシエーション式のフットボールとしての、サッカーの起源はそこにある。

コミュニティとアソシエーションの関係は、二者択一的なものとして誤解されがちである。たとえば家族はコミュニティであり、会社はアソシエーションである、というように。たしかに家族は、コミュニティ的な結合であるには違いない。しかし家族は、「両性の合意」（日本国憲法第二十四条）によって創設される一面をもつ。そしてまた家族のなかにも、さまざまな役割の分担がある。だれが仕事をし、だれが家事をするか、というように。その意味では家族のなかにも、コミュニティ的な側面とアソシエーション的な側面の両面がある。それと同じことは、会社についてもあてはまる。たしかに会社は、アソシエーション的な結合であるに違いない。しかし社員の仲間意識のまったくない状態で、会社を運営することは不可能であろう（英語のcompanyは文字通り「仲間」をさす）。実際に問題にできるのは、コミュニティとアソシエーションのどちらが基調であるかという程度のことである。

人は一定の場所で生活していると、その場所に親しみを感じるようになる。アメリカの地理学者Y－F・トゥアンはそれを、「トポフィリア（場所への愛）」と呼んだ（『トポフィリア』）。もっとも「トポフィリア」は、一つの錯覚である。実際にはそこでの愛は、その場所に住んできた（あるいは住んでいる）人々に向けられている。たとえばわたしが、生まれ故郷の奈良の景観に愛着を感じているとする。その際奈良の景観が、奈良に住んできた人々と無関係であるはずはない。実際には景観への愛着は、その景観を守り、育んできた人々への愛着なのである。「愛と憎しみは同一である」（フロイト）とすればだれしも、自分の生まれ故郷に愛着をもっている。その愛着は実際には、子ども時代の家族集団・近隣集団・友人集団などへの愛着である。わたしたちはもう二度と、そういう集団に帰属することはできない。――それゆえに故郷は、各人にとって「失われた楽園」になるのである。

一般に故郷は、わたしたちのプライドの源泉である。たとえば故郷の名山、名所、名刹、名水、名湯、名木、名産、名酒、名菓、名君、名士などを、わたしたちは「誇り」に思う。それは故郷に対して、わたしたちが一定の帰属意識＝コミュニティ感情をもっているからである。地元に縁のあるプロ野球やJリーグのチームを応援してしまうというのは、その身近な一例である。もちろん都会で生まれ育ったり、家庭の事情で各地を転々としたりしたために、「故郷喪失者」を自認する人々もいる。その場合かれらは、ローカルなコミュニティの部外者《アウトサイダー》ということになる。

故郷を離れて、目下都会で暮らしている人々も、概ねそれと同じである。というよりもそれは、わたしたちの多くが今日おかれている状況そのものである。どうやら人間は、コミュニティ的な結合なしではすまない存在であるらしい。しかしローカルなコミュニティは、わたしたちが今日最も手に入れにくいものになりつつある。

光と闇

二十世紀の前半にシカゴ大学を拠点に都市社会学を展開した一団を、シカゴ学派と呼ぶ。さきに「トマスの公理」との関連で紹介したトマスは、その中心人物の一人である（はじめに）。アメリカにおける資本の本源的蓄積はアメリカ独自の要因によってアメリカ独自の方式をもって準備された、と見られてよい。たとえば移民の流入や奴隷の解放が、それにあたる（移民も奴隷も本来、母国のコミュニティを逐われたり、奪われたりした人々である）。しかしアメリカでも、十九世紀の後半以降ローカルなコミュニティの崩壊が進行したことに変わりはない。たとえば一九三〇年代＝大恐慌の時代に故郷オクラホマを逐われた貧農の一家の苦難（一家は「乳と蜜の流れる地」としてのカリフォルニアに移り住む）を描いたスタインベックの『怒りの葡萄』は、その文学的表現である。シカゴ学派が社会解体（ないしは個別化）を、かれらの都市社会学の基本的なパースペクティヴとしたのはそれに呼応している。

それから約一世紀後の今日、都市はいったいいかなる社会的様相を呈しているのであろうか。

『スラムの惑星』（二〇〇六年）のなかでアメリカの都市社会学者M・デイヴィスは、今日における世界的な都市化について述べている。人類の歴史上はじめて、世界の都市人口が農村人口を凌駕しようとしている。この世界的な都市化は先進国ではなく、もっぱら途上国において進行している。すなわちアジア、アフリカ、ラテン・アメリカの各地域では、人口一千万人を超える巨大都市圏が続々と生まれつつある。と同時に中規模あるいは小規模の都市群も、多くの農村人口を吸収しつつある。元々農村から都市への人口移動は、産業化に付随するものであった。しかし今日世界的に進行している事態は、必ずしもそうではない。つまりは産業化とは別個に、都市化だけが進行している。その意味ではそこでの都市化は、スラム化と呼ぶのがふさわしい。それが概ね、そこでのデイヴィスの主張である。

かれはこう言う。「この未来都市は、旧世代の都市計画家が思い描いたように、ガラスと鉄で出来ているのではなく、ほとんど、日干し煉瓦、わら、再生プラスチック、コンクリートブロック、廃材で建設されている。この二十一世紀の都市世界の大半は、天空にそびえ立つ光の都市どころか、汚染物、排泄物、腐敗物に取り囲まれて、不潔にしゃがみ込んでいる」と。さきにも述べたようにマルクスは、資本主義の母国イギリスをモデルに資本の本源的蓄積を問題にした。ローカルなコミュニティを放逐された多くの人々は、産業予備軍となった。つまりは安価で大量の労働者として、工場で働くようになった。それが都市化＝農村から都市への人口移動をめぐる、マルクスの基本的な図式であった。もちろんかれ（やかれの盟友のエンゲルスやかれらの無数の同調者たち）が、労働者の窮乏を問題にしていないわけではない。しかし今日から見れば、そこには一つの逆説を読み取ることができる。

工場は労働者たちにとって、二次的なコミュニティとして機能したということがそれである。しかし今日における世界的な都市化は、それとはまったく異質な事態と言うべきであろう。ローカルなコミュニティを逐われた多数の人々が、ただ（生活の保障もなしに）都市に集まっている。おそらくそれを、古典的な意味での「都市化」と呼ぶことはできまい。――デイヴィスは『水晶都市』（一九九〇年）では、先進国の未来都市ロサンゼルスの光と闇を活写している。都市生活者が階級的に、富裕層と貧困層に二分される。前者は郊外の住宅地に移り住み、後者は都心のスラムに置き去りにされる。これが一世紀ほど前に、シカゴ学派が提示した都市モデル（同心円地帯の理論）であった。デイヴィスが『水晶都市』で提示するのは、そのより尖鋭化した情景である。一方には富裕層の住宅地として、ゲーティド・コミュニティ＝周囲を塀で囲み、門に警備員を配した、要塞的な住宅地が出現する。

他方貧困層は、ゲットー＝黒人その他のマイノリティの集合居住地に押し込められる。ゲットーの監獄化についてデイヴィスはこう書く。「ロス市警のヘリが、パトカーとの戦術的な連携の下で、「犯罪多発地域」を、一日平均十九時間見張っており、その頻度は英軍によるベルファストの空中監視をもしのいでいる。空陸の同時行動を容易にするために、何千もの居住用ビルの屋上には、どこと分かる番地がペンキで記されており、上空からの市の景観は、巨大な警察地図に姿を変えている」と。そこでの新たな事態を特徴づけるのは、コミュニティの不在である。なるほどゲーティド・コミュニティは、「コミュニティ」という言葉を謳っている。しかしそこへの居住権は、それを購入できる資金力の有無に基づくものでしかない。その居住者たちはひょっとしたら、一定のプライドをもっているかもしれない。しかしかれらが、たえず恐怖と不安に脅かされる存在であることは明らかであろう。

加害者予備軍

バウマンはグローバル化の下での人間を、グローバルズとローカルズに大別している。端的に言ってグローバルズとは、グローバル化の波に乗っている人々のことである。デジュール（権利の）標準ではだれもが、グローバルズになることができる。しかしデファクト（実際の）標準では、だれもがそうなれるわけでもない。かくしてグローバル化の波に乗り切れない人々が、ローカルズである。さしあたりローカルズは、「地域住民」とでも訳すことができる。しかしグローバルズには、どういうわけか適当な訳語がない。ともあれゲーティド・コミュニティの居住者たちは、バウマンの言うグローバルズなのであろう。それに対してゲットーの居住者たちは、ローカルズの最たるものということになろう。わが国ではゲーティド・コミュニティもゲットーも、いまだに（本格的な意味では）出現していない。しかしグローバルズとローカルズの区分はわが国でも、一定の現実性をもち始めている。

平成二十年（二〇〇八）六月八日、日曜日午後の秋葉原中央通りは、「歩行者天国」でにぎわっていた。その中央通りと神田明神通りの交差点に神田明神通りの側から、二トントラックが信号無視で進入し、横断中の歩行者五人を跳ねた（死亡三人、負傷二人）。周囲の人々は最初、それを交通事故と思ったらしい。ところが運転していた男は、車を降りると、今度はナイフで通行人や警察官を次々に刺した（死亡四人、負傷八人）。近くの路地で男が警察官に現行犯逮捕されるまでの、数分間の出来事であった。これが当時、全国を震撼させた秋葉原無差別殺傷事件の概要である。容疑者の男（当時二十五歳）は青森県出身で、岐阜県の短大を卒業後は各地で派遣社員として働いていた（犯行当時は静岡県の自動車工場で働いていた）。逮捕後の調べに対してかれは、こう供述したという。「人を殺すために秋葉原に来た。生活に疲れた。世の中が嫌になった。（殺すのは）だれでもよかった」と。

すなわちそれは、典型的な「通り魔事件」であったということになる。と同時に事件後の報道のなかでは、容疑者Kが携帯サイトの電子掲示板の常連であったことが注目された。もっともそれが、Kにとってコミュニティであったわけでもない。（第一の現実におけるのと同じく）この第二の＝実質的《ヴァーチャル》な現実でもかれは、次第に孤立感を深めていく。秋葉原での「犯行予告」も平然と見過ごされる、というのがかれの直面した現実であった。平成九年（一九九七）に神戸連続児童殺傷事件が起こったころ、さまざまな少年事件を貫くかたちで問われたことがある。一言にして言えばそれは、「普通の子がなぜ……」ということであった。すなわち一見何の問題もない、中流階級の子弟の非行との親和性が、そこでの問題の核心であった。それから十年ほどの間に時代は大きく変わった、と言うべきであろう。というのも今日では、犯罪や非行の誘因として「格差拡大」が問題になっているからである。

元々「通り魔事件」が恐怖や不安を呼び起こすのは、自分を被害者予備軍の立場におくからである。秋葉原無差別殺傷事件に対する人々の反応のなかで、一際《ひときわ》耳目を集めたものがある。——それは自分を加害者予備軍の立場におく、Kと同年代の人々の反応であった。かれらは言う。ことによると自分も、Kと同じことをするかもしれない、と。わたしたちはそこに、かれらの倒錯した恐怖や不安を読み取るべきなのであろうか。バウマンの用語ではKは、ローカルズの一人ということになろう。Kは故郷の青森を出て、各地を転々とした。昭和四十三年（一九六八）から翌年にかけて連続ピストル射殺事件を引き起こしたNも、青森県が第二の故郷（北海道生まれ）である。Nもまた故郷を出て、各地を転々とした。Nの物語とKの物語は同じ故郷をもつ、コミュニティ喪失者の物語としてぴったりと符合している。と同時にKの物語は、この間のグローバル化の衝撃をくっきりと映し出している。

わたしたちは今日、恒常的な恐怖と不安にさらされている。そういう恐怖や不安の根底にあるのは、コミュニティの喪失である。わたしたちはそこから抜け出す方途を、何か思い描くことができるのか。宮沢賢治の「グスコーブドリの伝記」（一九三二年）は昭和初年の凶作と恐慌の渦中にある、東北の農村が舞台である。そこでは東北の農村が、グローバルな世界に完全に組み込まれている。そして主人公のブドリの周辺では、地域が崩壊し、家族が解体している。そういうブドリが人々を救うために、自己を犠牲にするというのがそこでの物語であった。一見それは、まったくの絵空事のように映る。しかし平成二十三年（二〇一一）の大震災の際に、それに類する出来事が数多くあったことをわたしたちは知っている。そういう犠牲的な行為を根本で支えているのは、コミュニティ感情以外のものではない。人々のためにプライドをもって行動するとき、日常的な恐怖や不安は克服されている。

イギリスでは十六世紀に、エンクロージャー（十八世紀の第二次と対比して、第一次エンクロージャーとも言われる）が開始された。すなわち毛織物工業（農村マニュファクチュア）の発達を受けて、共有地（commons）が牧羊地に編入されていったのがそれである。実際にはそれは、コミュニティの崩壊を意味していた。つまりはここでも、人々は「勝ち組」と「負け組」に分断されたわけである。Th・モアはそれを、同時代的に「羊が人間を食い殺す」と形容した（『ユートピア』）。それはまさに、わたしたちの近代史の巻頭の物語である。と同時にそれは、近代史の定番の物語となった。いましもグローバル化のなかで、そういう事態が世界的に進行している。そのなかで人々は、「どうプライドをもって生きるか」を繰り返し問われている。――コミュニティの崩壊によってわたしたちの前に姿を現したのが、階級の問題である。わたしたちは次に、階級について考えてみることにしよう。

第4章

階級——どっちにしても負け

学生寮の位置

わたしの知人にご両親ともが、第二次世界大戦前の華族出身である方がおられる。ご夫妻で拙宅にお見えになったこともあるくらいで、それなりに親しくさせていただいている。その方とのお付き合いのなかで当方が、不愉快な思いをしたことは一度としてない。しかしちょっとした会話のなかで、「住む世界が違う」と思ったことは少なくない。たとえば話題が、その方の縁戚関係に及んだとしよう。すると各界の有力者の名前が、その方の口から次々と出てくるのである（会話が途切れなかったのはわたしが、それらの有力者の名前を大半知っていたからである）。そういう有力者がわたしの縁戚関係に皆無であることは、改めて断るまでもない。本章でわたしは、他人の階級についてあれこれ論じようとしている。そういう自分がどういう階級であるのかについて少しは語らないと、話は始まらないようにも思う。わたしが目下某大学の平教員であることは、巻末の著者紹介の欄でも明らかであろう。

わたしの父は電話局に勤め、最後は（病気のために早期退職する直前）出先の局長になった。祖父（父の父）は建築士として、各地の建設会社を渡り歩いていた。母は農家の出身で、専業主婦であった。要するにわたしは、社会学で言う下層中流階級（せいぜいのところ中層中流階級）の出身である。六年間通った地元の公立小学校の同級生たちも、平均的にわたしと同じであった。当然のことながらわたしは、「住む世界が違う」といった感覚をもつべくもなかった。そういうわたしにとって一つの転機になったのは、私立中学への進学であった。その奈良の大寺のなかにある中高一貫校は、有名進学校として鳴らしていた（進学塾にも通わずにわたしがそこに合格したのは、ほとんど僥倖であった）。入学してみると同級生の四割ほどが、上層中流階級の子弟によって占められていることが分かった。つまりは医師、弁護士、会計士、大企業経営幹部、中小企業経営者などの子弟が、それである。

ハリー・ポッターの物語にわたしは、わたしなりに親近感をもっている。ハリーは生後間もなく、両親を亡くす。かれは伯母（亡母の姉）の家に預けられ、そこで虐待を受ける（わたしたちはそこから、『ジェイン・エア』を連想しないではいられない）。ハリーはかれと同年齢の、従兄（伯母の息子）のダドリーとともに育つ。十一歳になったときハリーとダドリーの進路は、まったく別のものになるはずであった。すなわちダドリーは、父親の母校のパブリックスクール（全寮制の私立中等学校）に進学する予定であった。それに対してハリーは、地元の公立中等学校に進学する予定であった。明らかにそこでは、学校制度のなかに階級区分が持ち込まれている。というのもパブリックスクールは、上流ならびに上層中流階級の子弟のための学校であるから。ところがハリーの手元に、ホグワーツ魔法魔術学校から入学許可状が届く。入学して見るとそこは、パブリックスクールと瓜二つである。

それがまさに、ファンタジー・フィクションの面白さである。要するにハリー・ポッターは、普通の子どもがパブリックスクールに行くお話なのである。十二歳のときに私立中学に進学したわたしは、十一歳のときにパブリックスクールに進学したハリーと同じであった。そのときわたしが、身をもって知ったことは何であったか。簡単に言えばそれは、この世の中に階級というものがあること、そしてそれが、子どもの進路を決定づけるものであるということであった。六年後=十八歳のときにわたしは、東京の大学に進学した。そのときに経験したことは、六年前の経験を拡大再生産したものであった。それについて屋上屋を架すことは、ここでは差し控えたい。ただし角度を変えて、そのころのことを述べたいと思う。わたしは大学時代、東京の目白台にある某学生寮で生活した。村上春樹の『ノルウェイの森』には主人公によって「刑務所」に喩えられる、かれが生活した学生寮が出てくる。

その学生寮は実は、わたしが在籍した学生寮がモデルである（村上はわたしよりも十年ほど前、そこに在籍していたと聞く）。それは旧華族家（九州の雄藩の元大名家）のお屋敷を、業務用冷凍機の事業で成功した篤志家が譲り受け、学生寮に仕立てたものであった。敷地のなかには瀟洒《しょうしゃ》な洋館が、往時を偲ばせるように立っていた。――わたしが興味をもったのは、その学生寮の地理的な位置であった。それはまさに、台地の端=切り立った崖の上に立っていた。そして崖の下には、ごみごみした民家や商家が建ち並んでいた。旧制第一高等学校の寮歌に「治安の夢に耽《ふけ》りたる栄華の巷《ちまた》低く見て」という一節のあることは、よく知られている。そこには旧制高校生のプライドの何であるかが、端的に示されている。その一高生の寮も眼下に民家や商家を見下ろす、丘の上に建っていたらしい。そういう学生寮の地理的位置と旧制高校生のプライドの間には、切っても切れない関係があったのである。

二つの国

階級を決定づける要因は種々雑多である、と言わねばならない。たとえば階級は、客観的に規定されるものであろうか、それとも主観的に規定されるものであろうか。さしあたり階級は、「客観的に規定される」とするのが社会学の基本である。もっとも階級のなかに、「主観的に規定される」側面がないわけではない。社会学的表現をもってすれば階級意識や階層意識と呼ばれるものが、それにあたる。内閣府（旧総理府）では昭和二十三年（一九四八）から毎年、『国民生活に関する世論調査』を行っている。そして昭和三十三年（一九五八）から、次のような形式で「生活程度」を問うている。お宅の生活程度は世間一般から見て、「上」「中の上」「中の中」「中の下」「下」のどれに入ると思いますか、と。このうち「中」の三範疇＝「中の上」「中の中」「中の下」を選んだ人々の割合は、昭和三十三年の七二・四パーセントから上がり続け、昭和四十八年（一九七三）には九〇・二パーセントに達した。

それ以降四十年間、「中」の三範疇を選ぶ人々の割合はほぼ一貫して九〇パーセントを超えている（平成二十四年の調査でも「上」が一・一パーセント、「中の上」が一二・九パーセント、「中の中」が五五・七パーセント、「中の下」が二三・七パーセント、「下」が五・四パーセントで、大きな変化はない）。こういう傾向をもとに展開されたのが、「一億総中流」の言説である。端的に言えばそれは、こういう言説である。いまでは国民の大半が、同一の階級意識＝中流意識をもっている。その意味ではわが国は、人々が高度な生活水準を享受する社会＝高度大衆社会を実現した、と。国民の大半が中流意識をもつ社会は、プライドとの関係でどう評することができるであろうか。一面ではそれは、人々が健全なプライドを保持する社会と評することができる。もっともそこでのプライドは、小市民的なものにすぎないと見ることもできる。その意味ではそれは、（プライド保持の状態というよりも）プライド喪失の状態と見るべきかもしれない。

そういう文脈で日本型大衆社会をめぐって、これまでさまざまな論議が重ねられてきた。そのなかで無視することができないのは、内閣府の「生活程度」をめぐる調査自体を問題にする論議である。そこでは「中」の選択肢が、五つのうちの三つを占めている。同じ形式で国際比較調査をしたところ、大半の国（アメリカ、フランス、シンガポール、インド、フィリピンなど）で九〇パーセントを超えたという報告もある。社会学者の一団は（いわゆるSSM調査の一環として）昭和三十年（一九五五）から五年ごとに、「上」「中の上」「中の下」「下の上」「下の下」の区分で階層意識についての調査を行っている。それによると昭和三十年から昭和六十年（一九八五）の間に、「上」は〇・二パーセントから二・〇パーセントに、「中の上」は七・一パーセントから二四・八パーセントに、「中の下」は三五・四パーセントから四九・〇パーセントに、「下の上」は三八・六パーセントから一八・一パーセントに、「下の下」は一八・八パーセントから六・一パーセントにそれぞれ増減した。

要するにそこでは、中流意識の検出がある程度緩和されている。わたしたちは思い知らされる。しょせん調査とは、調査主体の関心や意向を反映したものである、と。それはともかく社会学者の調査でも、中流意識の拡大そのものは明瞭である。マルクスの用語をもってすればプロレタリアートのブルジョア化は、第二次世界大戦後の先進各国の基本的な傾向則であるらしい。いやそう言い切るのは、必ずしも正確ではない。というのもここ数十年の間、先進各国ではむしろ階級格差の拡大が問題になっているからである。アメリカは今日、世界で最も豊かな国の一つであると同時に、世界で最も貧しい国の一つである。——というのも一つの国が、大きく二つの国に分断されているからである。アメリカでは第二次世界大戦後、一九六〇年代末までは所得格差の縮小が進んだ。しかしそれ以降は、所得格差の拡大が進んでいるという報告がある（所得格差の指標であるジニ係数などの分析による）。

再びマルクスの用語をもってすればプロレタリアートのブルジョア化が、ブルジョアジーのプロレタリア化に転じたということになる。アメリカ国勢調査局は五分位階級別の平均所得を、毎年公表している。それによると一九九一年から二〇一一年の間に、第Ⅰ階級は一万二千ドルから一万一千ドルに、第Ⅱ階級は二万九千ドルから二万九千ドルに、第Ⅲ階級は四万九千ドルから五万ドルに、第Ⅳ階級は七万四千ドルから八万ドルに、第Ⅴ階級は一四万二千ドルから一七万八千ドルに、最上位五パーセントは二二万一千ドルから三一万一千ドルにそれぞれ増減した（二〇一一年ドル表示、百ドル以下四捨五入）。まさに「豊かな者はますます豊かになり、貧しい者はますます貧しくなる」という現実が、ここにはある。そしてそれは、けっして「対岸の火事」ではない。そういう新しい現実のなかで中流意識＝ささやかなプライドを剝奪されることが、わたしたちの今日の恐怖や不安の正体なのかもしれない。

言葉の壁

イギリスはアメリカとは別の意味で、典型的な階級社会をかたちづくっている。J・キューカーが監督した『マイ・フェア・レディ』（一九六四年）は、そういうイギリス階級社会を作品の背景としている。作品の冒頭ロンドンのコヴェント・ガーデンでは、二つの集団の人々が交錯する。一つはオペラが跳ねたあと、帰宅を急ぐ上流ならびに中流階級の人々。いま一つは市場でさまざまなものを商う、下流階級の人々。女主人公のイライザは花売り娘で、その後者に属している。かの女は薄汚い格好に加えて、言葉にひどい訛《なま》りがある。いやもう少し中立的に言えば、コックニー（ロンドンの下町言葉）を天真爛漫に話している。たまたまかの女の発声に興味をもったのが、男主人公の言語学者ヒギンズ教授である。かれは上層中流階級に属し、英語の個人教授をしている。つまりは標準英語（King's English）を、外国人や（訛りのある）英国人に教えるのがかれの趣味であり、仕事である。

ヒギンズは周囲の人々の言葉から、かれらの出自や経歴をことごとく言い当てる。そこでは言葉もまた、一定の階級性をもつことが（演劇的誇張をもって）示される。――その際言葉の壁＝

階級の壁を、標準英語によって乗り越えようというのがヒギンズの立場である。標準英語は本来、「イギリスで教育を受けた人々が正しく書いたり話したりするような英語」（『オックスフォード辞典』）を意味する。いやそこでの「イギリス」は、「イングランド南部」と限定するほうがより現実的であろう。いずれにしてもそれが、一定の階級性をもつことは明らかである。したがってさきのヒギンズの立場は、こう評することもできる。それは下の階級を上の階級に引き上げることによって、階級の壁をなくそうとするものである、と。もっとも革命家でも運動家でもない、ヒギンズの立場にこだわっていてもしかたがない。実際にはかれは、ロクに働かなくても食べていける有閑階級の一人にすぎない。

ヒギンズはイライザについて、第三者にこう放言する。この娘も物売り言葉を使っている限りは、一生どん底暮らしで終わる。わたしが半年仕込めば、大使館の舞踏会に出て公爵夫人で通るようになる。たとえば貴婦人の侍女や一流店の店員のような、上品な言葉遣いが必要な仕事に就くことさえできる、と。物語はイライザが、このヒギンズの放言を真に受けることで大きく展開する。翌日イライザが、ヒギンズを訪ねて来る。かの女は言う。花屋の女主人になりたいので、上品な英語を教えて頂戴《ちょうだい》、と。そこから「薄汚い浮浪児を公爵夫人にする」という、壮大な実験が始まる。いったいそれは、どのように行われたのか。よく知られているようにコックニーでは、ei が ai の発音になる。それを矯正するのにヒギンズは、次のような例文を用意する。**The rain in Spain stays mainly in the plain.** イライザがそれを正確に読むようになる過程が、まさにかの女の変貌の過程である。

結果的にヒギンズの実験は、ひとまず成功する。というのもイライザは、トランシルヴァニア大使館の舞踏会に出て、トランシルヴァニア皇太子の相手を務めたから。そのことにヒギンズは、大きな満足感をもつ。しかしイライザはと言うと、そうではない。かの女は自分が、ヒギンズの実験材料であったことに気づく。そして自分が、人間らしく扱われていないことに不満をもつ。要するにかの女は、人間らしいプライドをもったということになる。『マイ・フェア・レディ』は元々、バーナード・ショーの戯曲『ピグマリオン』（一九一三年初演）を原作としている。ピグマリオン（ギリシア神話に登場するキプロス島の王）が理想の女の象牙像を作り、それに恋したという件《くだり》は、さきに書いた（はじめに）。かれに同情したアフロディテは、その像に生命を与える。かくしてピグマリオンは、めでたく理想の女と結婚できるというのが神話の結末である。それに比べてショーの戯曲は、もっと批評的である。

ショーはヒギンズを、女嫌いの独身主義者として造型した（ヒギンズが独身者仲間の大佐とウマが合うのも、それと関係している）。そういうヒギンズが「レディ」としてのイライザと、うまくやっていけるはずはない。イライザはヒギンズの家を出て、没落貴族の息子と結ばれる。そして花屋を開くということが、エピローグで示される。つまりはヒギンズの実験は、二つとも成功するわけである。それに比べて『マイ・フェア・レディ』の結末は、ずっと微温的である。そこではイライザが、ヒギンズと結ばれることが（映画的余韻をもって）示されるから。さて ***My Fair***

*Lady*は、**Mayfair Lady**をもじった表題とも言われる。昔ヒースローのタクシー乗り場で、こういう経験をした。運転手に「メイフェア……」と、行き先のホテル名を告げた。タクシーの運転手が天真爛漫に返してくれる。「マイフェア……」と。「学校英語なんかくそ食らえ」と言われたようで、大変愉快に感じた。

乳と蜜の流れる地

マルクスは近代社会の二大階級として、ブルジョアジー（資本家階級）とプロレタリアート（労働者階級）をあげた。その際二つの階級は、生産手段の所有の有無によって区分された。マルクスは言う。資本家は工場を所有しているのに、労働者はそうではない。したがって労働者は、労働力を商品として売るほかない、と。このマルクスの階級理論は十九世紀中葉の最先進工業国としての、イギリスを手本としていた。もちろん当時のイギリスにも、中間層＝資本家階級と労働者階級の中間に位置する階層が存在した。たとえば自営農民や商工業者（前者は農地を、後者は店舗や工房を、それぞれ所有している）が、それにあたる。しかしかれらは、早晩二大階級のどちらかに分解する。かくして二大階級の対立が尖鋭化する、というのがマルクスの予言であった。しかし歴史は、必ずしもマルクスの予言通りには進行しなかった。一つの要因は旧中間層に取って代わる、新中間層の登場であった。

つまりはブルーカラー層（賃金労働者）と区別される、ホワイトカラー層（知識労働者）の登場がそれである。あるいはまた資本と経営の分離も、（株式市場の発展以前の時代を生きた）マルクスの予期しなかった事態である。そういう文脈でマルクスの階級理論は、一時「過去の遺物」と理解されていた。さきに述べたようにプロレタリアートのブルジョア化が進めば、二大階級の対立など問題にもならないであろう。しかしあに図らんや、マルクスの階級理論が近年「奇跡の復活」を遂げつつある。プロレタリアートのブルジョア化がブルジョアジーのプロレタリア化に転じたことが、その背景にある。先進各国では新中間層の解体が、大きな社会問題となりつつある。まさに時空を超えて、マルクスの予言が実現しつつあるのである。もっともすべてが、マルクスの予言通りに実現しつつあるわけではない。というのも資本家と労働者の関係は、今日ずっと複雑なものになっているからである。

少数の資本家が思い通りに企業を統治《ガヴァナンス》する時代は、とうに終わっている。スタインベックの『怒りの葡萄』（一九三九年）は一九三〇年代前半の、大恐慌時代のアメリカ社会を舞台としている。オクラホマの貧農ジョード一家はいましも、三世代にわたって開墾してきた土地を逐《お》われようとしている。長年続く砂嵐（過剰耕作が原因と言われる）と機械化農業の進展が、その原因である。J・フォードが監督した同名の映画（一九四〇年）には、こういう場面がある。小作人のところに地主の代理人《エージェント》がやってきて、立ち退きを求める。小作人が「だれの命令か」と問うと、代理人はこう答える。自分の背後には会社（農事会社）があり、会社の背後には地元の銀行があり、地元の銀行の背後には東部の銀行がある。だれの命令か、自分にもよく分からない、と。東部の銀行の背後には多数の株主がいる、とかれは付け加えてもよかったであろう。一九三〇年代においてすでに、そうであったのである。

つまりは資本家を敵視しても、その所在は一向に判然としなかったのである。そういう状況は今日まで、一貫して続いている。しかしそうであるにしても、資本家が労働者を、労働者が資本家を敵視する習性をもつことは事実である。一九八〇年代にはイギリスは、もう最先進工業国の椅子から転がり落ちていた。サッチャー政権の下で「イギリス病」克服のために、さまざまな新自由主義的改革が推進された。その一環としての炭鉱合理化をめぐっては、労使双方が全面的に対決した。この時代の炭鉱街を労働者側から描いた映画が、その後多数製作された。たとえば『ブラス!』(一九九六年)は、その一つである(原題は『もううんざり(*Brassed off*)』で、サッチャー政権下の「改革」へのあてこすりと理解できる)。それは炭鉱閉鎖騒動の渦中で、炭鉱夫たちのブラスバンドが心意気を示す物語である。そこではコミュニティの崩壊と同時に、コミュニティの再生が美しく描かれている。

大衆文化研究の先駆者R・ホガートは労働者階級の人々が、自分たちと資本家階級の関係を**us**と**them**の図式で理解すると説く。そしてそれが、労働者階級の人々のプライドの源泉でもある、と(『リテラシーの効用』)。こういう図式は労働者階級の連帯や団結を、ますます強化する役割を果たしてきた。しかし今日、そういう図式は簡単に思い描けそうもない。というのもグローバル化と個別化の同時進行のなかで、**us**を**us**として、**them**を**them**として思い描くことはますます困難になっているからである。『怒りの葡萄』でオクラホマを逐われた人々は、新天地カリフォルニアを目指す。――そこが人々の間で、「乳と蜜の流れる地」として喧伝されていたからである。ジョード一家も苦難の末に、カリフォルニアに辿り着く。しかし結局は、難民キャンプに落ち着くのが関の山である。世界的な民族大移動のなかで今日、多くの人々がそれと同質の苦難を経験している。

ワーキングプア

シモーヌ・ヴェイユはエコール・ノルマル（高等師範学校）を卒業後、ロワール県のリセ（国立高等中学校）の哲学教師をしていた。まさにかの女は、哲学者として順風満帆のコースを歩んでいた。その一方でかの女は、革命的サンディカリスムの運動にのめり込むようになる。そして一九三四年十月から一年間、休暇を願い出て、工場で一女工として働くことを決意する。労働者の状況を理解するには自らも労働者の生活を経験しなければならないというのが、その動機であった。ヴェイユは三つの工場で、都合八カ月ほど金属加工の仕事に従事する（かの女の勤務が安定したものでなかったのは、ほぼ恒常的に健康を害していたからである）。その経験を通してヴェイユが発見したことは、いったい何であったか。かの女が勤務期間中に記した日記（『工場日記』）は、こういう記述で締め括られている。過酷な女工生活のなかでわたしは、反抗ではなく服従の態度をとるようになっていた、と。

つまりは工場労働のなかで、自身のプライドは剝奪されたとかの女は言う。それ以降も多くの知識人が、素性を隠して、勤労者の世界に飛び込んだ。そしてそれを題材として、さまざまな作品を物してきた。その最新の成果としてここでは、アメリカの作家B・エーレンライクの『低賃金労働者（*Nickel and Dimed*）』（二〇〇一年）と『おとり商法（*Bait and Switch*）』（二〇〇五年）を取り上げよう。エーレンライクは最初、低賃金労働者の世界に飛び込んだ。より具体的には①素性を隠して（「専業主婦が離婚を契機として再就労しようとしている」という話をでっち上げて）、②できるだけ高給の仕事とできるだけ安価な住居を探し、何とか暮らしてみようとした。結果的にかの女は、フロリダ州ではファミリーレストランの給仕係として、メイン州では家事サーヴィス代行会社の清掃員として、そしてまたミネソタ州ではウォルマートの婦人服売り場の販売員として働くことになった。

時給はそれぞれ、給仕係＝二・四三ドル（＋チップ）、清掃員＝六・六五ドル、販売員＝七ドルであった。この間かの女が住居としたのは、小屋同然の家、トレーラーハウス、モーテルなどであった。どの住居にもまともなキッチンがないため、食事はファストフードに頼りがちになる。その日を暮らすのがやっとで、健康保険に入ることなど望むべくもない。——要するにそこには、フルタイムで働いても極貧の＝ワーキングプアの生活が待っていたわけである。同時代的に全米の労働人口の約三〇パーセントが、時給八ドル以下で働いているという。その意味では **nickel and dimed** ＝低賃金でこき使われることは、アメリカの下層労働者の恒常的な生の条件となっている。エーレンライクは本来の生活環境に戻ったのち、結論的にこう言う。「健康で、通勤用の車までもつ独身者が、額に汗して働いて、自分の暮らしを立てるのもままならないとは、どこかが間違っている、ひどく間違っている」と。

エーレンライクは次に、ホワイトカラー失業者（求職者）の世界に飛び込む。より具体的には①今回も素性を隠して（「広報部門で豊富な職歴をもつ」との触れ込みで）、②健康保険と五万ドルほどの年収を提供してくれる、「いい」仕事を探そうとする。当初かの女は、（前回の企画に比べて）この企画は「朝飯前」と多寡をくくっていた。「ごしごしこすって磨くこともなく、力仕事をすることもなく、長時間歩き続けたり走り続けたりすることもない」と。しかしかの女は、やがて気づく。ホワイトカラーがブルーカラー以上に、いつもこびへつらい、従順でなければならない稼業であることに。自分自身でいること、自分自身を表現することが、ずっと難しい稼業であることに。つまりは今日、ホワイトカラーが（ブルーカラーと同じく、もしくはそれ以上に）過酷な状況にあることを知るのである。結果的にはかの女は、十カ月間の求職中に何一つ「いい」仕事に就くことができなかった。

この間エーレンライクは、いったい何をしていたのか。一言で言えばかの女は、**bait and switch** ＝おとり商法に計画的にだまされていたわけである。すなわちホワイトカラー失業者の前には、「転職産業（**transition industry**）」のサーヴィスが種々用意されている。キャリアコーチ、ネットワーキングイベント、ブートキャンプ、イメージマネジメント、（教会主催の）キャリア集会、コンサルタントなど。それらが本当に、失業者に役立つのかどうかは何とも言えない。しかしそれらを利用すればするだけ、高額の費用を巻き上げられることはたしかである。エーレンライクの就職活動記は実は、そういうサーヴィスの体験記の体裁をとっている。そういう体験を通してかの女の眼に、ホワイトカラーの世界はどう映ったか。結論的にかの女は、ホワイトカラーの世界をこう評する。意外にもそこは、（論理的・科学的な思考ではなく）慣習的・呪術的な思考が貫徹する世界であった、と。

天皇システム

階級はそれ自体、一つの集団である。一つの集団としてそれは、固有の文化をもっている。階級Aと階級Bはたんに、政治的・経済的に対立し合っているだけではない。両者は同時に、社会的・文化的にも対立し合っているのである。『プライドと偏見』でフィッツウィリアム・ダーシーとエリザベス・ベネットの関係がぎくしゃくするのも、それと関係している。さきにも書いたように同じ中流と言っても、ダーシー家は上層、ベネット家は中層に属しているからである（はじめに）。それぞれの階級のメンバーは自分自身に、階級的なプライドをもつ。と同時に他の階級のメンバーに、階級的な偏見をもつという構図がここにはある。『プライドと偏見』をもとに書かれた小説（作られた映画）に、『ブリジット・ジョーンズの日記』がある。ここであえて、その筋立てを紹介するには及ぶまい。ここで述べたいことは、次のことに尽きる。階級はいまでも、人々の密かな、しかし大なる関心事であるということである。

かりに階級Aと階級Bの対立が深刻化すると、社会は不安定化する。したがって社会は、そういう対立を緩和する機能を標準装備している（たとえば所得の再分配は、その最たるものである）。そのことによって社会は、コミュニティ的な一体感を確保できるのである。——わが国において天皇システムが果たしてきた役割も、それにあたるかもしれない。『日本書紀』は仁徳天皇の治世について、こういう話を伝える。天皇が高台から見ると、炊烟《すいえん》が少しも立っていない。「人民が貧しいから」と推察した天皇は、三年間租税を免除する。この間自身は、宮殿の修築や衣服の新調を控えた。三年後同じ高台から見ると、今度は炊烟が盛んに立っている。それでも天皇は、さらに三年間租税を免除した。六年後ようやく租税を課して、宮殿の造営を始めたらどうなったか。人民は老いも幼きも進んで、材を運んだり畚《もっこ》を担いだりする。昼夜を分かたず競うように働いたので、ほどなく宮殿は完成した。

この話のなかには天皇と人民の関係をめぐる、興味深い問答がある。最初の三年目炊烟が立っているのを見て、天皇は皇后にこう言う。「わたしは豊かになった。もう心配することはない」と。それに対して皇后は、（宮殿も衣服もボロボロなのに）「どうしてそう言えるのか」と問い返す。それに対して天皇は、こう答える。「もし人民が貧しいならば、わたしが貧しい。人民が豊かならば、わたしが豊かである。人民が豊かで、君子が貧しいということはない」と。ここではまさに、天皇と人民の間の一体感が強調されている。言い換えれば天皇と人民の間の階級的格差が、完全に解消されている。これに類する話を、もう一つ取り上げよう。光明皇后は仏教の信仰が篤く、施薬院や悲田院（今日で言えば社会福祉施設）を設けたことで知られる。当時は寺院や貴族が、貧しい人々に入浴を施すこと（施浴）が流行していた。そして癩病（ハンセン病）患者は、社会的な差別の対象となっていた。

そういう時代背景の下で光明皇后を主人公とする、次のような伝説が生まれた。皇后は誓願を立てて、千人の貧しい人々に入浴を施そうとする。皇后は自ら、貧しい人々の垢《あか》をこすりとっていた。千人目に現れたのは、重症の癩病患者の男であった。男は皇后に、口で膿を吸い取るように求める。それに応じて皇后が、患部に唇を触れようとしたらどうであろう。たちまち男は、大光明を放ち、姿を消す。実はかれは、阿閦仏《あしゅく》の化身であったのである。仁徳天皇の話も光明皇后の話もともに、単純に「史実」として扱うことはできない。しかしまたそれらを、単純に「伝説」として扱うこともできない。わたしは皇居の濠端のビルの二十階から、現在の宮殿や御所を一望したことがある。誤解を恐れずに言えば森のなかに、貧相な建物がポツンポツンと建っていた。日本を訪れたロラン・バルトは、皇居のことを「空虚の中心」と呼んだ。はたしてかれは、仁徳天皇の故事を知っていたのであろうか。

東日本大震災に際して天皇・皇后両陛下が、宮殿や御所を「自主停電」にされたり、御用邸の浴室を被災者に開放されたりしたことは記憶に新しい。それらはわが国国民に、仁徳天皇ならびに光明皇后の故事を改めて思い起こさせた。（価値中立的な社会学者として）いたずらにわたしは、それらを礼賛するつもりはない。わたしが問題にしたいのは、次のことである。なぜわが国では、階級的対立が問題になりにくいのか。ひょっとしたらそれは、天皇システムと関わりがあるのではないか。より積極的に言えばわたしたちは、「君臣一体であること」に固有のプライドをもっているのではないか。しかしわたしたちの社会が、深刻な階級的対立を孕みつつあることも事実である。今日のグローバル化と個別化のなかで二千年来の天皇システムそのものが危殆に瀕している、と言ってもよい。自らをプロレタリアートととらえるか「大御宝《おおみたから》」（天皇の人民）ととらえるかは、わたしたち次第である。

英語でコイントスをするときに、こういう表現を使う。**Heads I win; tails you win**（表ならこちらの勝ち、裏ならそちらの勝ち）。これを次のように言うと、冗談になる。**Heads I win; tails you lose**（どちらに転んでもこちらの勝ち）。卑屈にそれを、こう言い換えることもできる。**Heads you win; tails I lose**（どちらに転んでもこちらの負け）。後二者の場合勝負は、最初からついていることになる。もし資本主義が公正なゲームであるなら、勝負は最後まで分からない。しかし「どっちにしても勝ち」あるいは「どっちにしても負け」というゲームが、厳然と存在する。そういう新しいゲームの下で今日、わたしたちの社会は大きく分断されつつある。——ホワイトカラー求職者としてエーレンライクは、「変身」＝外見向上のためのレッスンを受ける。一般に容姿は、人間のプライドの大いなる源泉である。わたしたちは次に、容姿について考えてみることにしよう。

第5章

容姿——蓼食う虫も好き好き

大阪の笑い

テレビは今日、多様化の一途をたどっている。それによって人々は、より大きな選択の自由を得つつある。しかしまたそれは、マス・メディア全体のなかでのテレビ（とりわけ今日言う、地上波テレビ）の凋落の過程と軌を一にしている。いやまどろっこしい表現はやめて、もっと単刀直入に言おう。テレビは年々、つまらないものになりつつある、と。それが一視聴者にすぎない、わたしの偽らざる実感である。わたしは頻繁にチャンネルを切り替えながら、こう思う。いったいだれに向けて、これらの番組はたれ流されているのか、と。おそらく今日のテレビの送り手は、そう明確に受け手としてのマスを想像しえないのであろう。マス（mass）とは本来、「塊《かたまり》」を意味する。すなわち大量の人々が、一団を作り上げている状況がマスである。もし受け手が、そういうマス状況になければどうか。送り手はどこにいるのかも定かでない、より細分化した受け手に向けて情報を発信するほかはない。

テレビは何のことはない、書物に段々と近づいているのである。わが国の民間テレビ局は東京のキー局と各地のローカル局に分けられるとともに、その中間形態として大阪と名古屋に準キー局（広域局）を配している。わたしは子ども時代、この大阪のテレビ局の番組に親しんで育った。当時関西には、専門のテレビタレントが少なかったのであろう。まずもって出演者のなかには、芸人の方々が多く見られた。言ってみれば朝から晩まで、芸人の方々がテレビに出ていたわけである。今日大阪の芸人たちが、大挙して東京に進出して来ている。そして（「バラエティー（ショー）」と称される）安手《やすで》のトーク番組に出ては、液晶画面の上でふざけまくっている。実はあれは、何十年前にわたしがブラウン管のなかで目にした光景と同じである。その意味では東京のテレビ局は、たしかに大阪化してきているのである。もっとも当時は、（落語にせよ、漫才にせよ、喜劇にせよ）演芸番組も多かった。

つまりは芸人の方々が、テレビで熟練の芸を披露する機会も多かった。必ずしもそれは、テレビ的でないと言えばそれまでである。しかしそれは、実演を見る機会に乏しいわたしにとって興味深いものであった。いまも印象に残ることの一つは、身体的な奇形を売り物にする芸人の方々が多かったということである。たとえば出歯＝平和ラッパ（二代目）、ハゲ＝横山ノック、チビ＝白木みのる、エラ＝笑福亭仁鶴、奥目＝岡八郎、骨々＝桂三枝（六代目文枝）、出目＝西川きよし……が、そうであった。あるいはまた風貌を動物に喩えることも、よく行われていた。たとえばカッパ＝鳳啓助、ウマ＝藤田まこと、カバ＝原哲男……が、そうであった（差別的な文脈で用いられる言葉を、あえて使うことをお許し願いたい）。おそらく若い年代の、さらには関西出身でない読者には、馴染みのない名前も含まれていると思う。当然のことながらテレビも、時代的・地域的な制約を負っているのである。

その上でここでの関心は、芸人たちが自らの身体的な奇形を売り物にすることにあった。――そこには「大阪の笑い」の何であるか、が集約的に表現されているとわたしは思う。わたしは

「東京の笑い」と「大阪の笑い」の違いを訳知り顔で解説するほどの、通人でも何でもない。ただし関東と関西で生活した経験から、何となくこう感じる。「東京の笑い」がバカに対する「優越の笑い」であるのに対して、「大阪の笑い」はアホに対する「共感の笑い」である。なぜ「大阪の笑い」が、そういう形態をとるのか。それは相対的に、大阪にはコミュニティ的な関係が残っているから、と。わたしは劇場で、藤山寛美のアホの演技を見たことがある。かれの演技はまさに、観客たちの共感を深く呼び起こすものであった。わたしがテレビを通して接した平和ラッパ以下の芸人の面々の演技も、基本的にはそれと同じであった。要するにかれらは、わたしたちのためにアホを演じてくれていたのである。

『不幸なる芸術』のなかで柳田國男は、ヲコについて論じている。柳田はバカやアホの起源は、ヲコにあると言う。本来ヲコは、(「おかしい」話をして)人々を楽しませる技芸であった。それによって世間は、大いに明るくなった、と。要するにヲコの者は、社会的に有用な存在であったというのである。子ども時代にわたしがテレビで接した大阪の芸人たちは、そういうヲコの者の系譜に連なる人々であったように思う。とりわけさきに書いた、自分の身体的な奇形を売り物にする面々は。かれらは見事に、自分の欠点を美点に置き換えていた。そのことが示唆することは、いったい何か。一般に人間は、自分の容姿にプライドをもつ。すなわち自分の美点を誇示するとともに、欠点を隠蔽しようとする。そういうプライド・システムにがんじがらめに縛られることが、いかに窮屈で、虚妄であるか。平和ラッパたちは自由闊達な演技を通して、そのことをわたしたちに教えていたようにも映る。

美の神話

社会学では人間を評価する基準として、属性（ascription）と業績（achievement）を区別する。さしあたり属性は、人間が先天的にもっている資質である。これに対して業績は、後天的に身に付けた能力である。しかし実際には、属性と業績はそう截然と区別できるものではない。たとえば「容姿は属性であり、学歴は業績である」という言明は、社会学的に正しいであろうか。単純にそれを、正しいと言うことはできない。たとえば容姿の根幹をなすものとして、身長と体重がある。このうち身長は人為的な制御《コントロール》が難しいのに対して、体重はそうでもない、という現実がある（したがってチビに対する差別は、デブに対する差別よりも不公正であると言うこともできる）。これは容姿のなかに、属性的側面と業績的側面の両面があるということである（のちに見るように学歴にも、そういう二つの側面がある）。たとえば服飾・美容・整形などは、そういう容姿の業績的側面に深く関わっている。

本来それらは、女性に固有の事象ではない。たとえば男も、髪を刈ったり、髭を剃ったりする。そういうかたちで男も、美容にコミットしている。しかし女のほうが、ずっと深くコミットしていることは間違いない。同じことはおそらく、服飾や整形についても言えるであろう。――アメリカの作家ナオミ・ウルフは女たちが、「美の神話」に支配されていると言う（『美の神話』）。端的に言えばそれは、「女は美しくなければならない」というイデオロギーをさす。ウルフは容姿について、男女のダブルスタンダードがあると言う。すなわち不公正にも、女たちだけが特別な要求を突き付けられている、と。しかしそれは、一面的な議論のようにわたしは思う。というのも「美の神話」とパラレルに、「力の神話」=「男は逞《たくま》しくなければならない」というイデオロギーも十分に想定できるから。その意味では容姿について、男たちもまた特別な要求を突き付けられているかもしれないのである。

その上でそこでのウルフの報告（一九九一年）は、わたしたちにとって示唆に富む。ウルフはそこで、自分たち=女たちが「美の神話」の被害者であることを縷々《るる》語る。たとえばそれは、次のようなことである（遺憾ながら資料の処理は、必ずしも学問的な厳密性をもって行われているわけではない）。いまではダイエット産業、化粧品産業、美容整形産業などが、強力な産業になっていること。都会で専門職に就く女性たちは、収入の三分の一までを「美しさの維持」につぎ込んでいる（しかもそれを、必要な投資と考えている）こと。（元々上級管理職に女性の占める割合が、きわめて低いことを反映して）その道で成功を収めた専門職の女性は、「老化の兆しが出てきたら、形成手術を受けなければ」と思うようになってきていること。拒食症・過食症患者の九〇―九五パーセントが女性であり、全女性人口の五―一〇パーセントが拒食症である（女子学生に限って言えば五人に一人が拒食症である）こと……。

要するに女たちは、高額の出費を強いられているばかりか、生命の危機にまでさらされているというのである。もし女たちが、ウルフの言う「美の神話」に支配されているとすればどうか。その際女たちは、それぞれ理想の自己像＝女性像をもつことになる。そして「理想の自己」と「現実の自己」の乖離が、かの女たちを服飾・美容・整形などに走らせることになる。それは本書で、プライド・システムと呼ぶものと同一の機制《メカニズム》である。美容外科は美容を目的として、身体の形状を外科的に「改善」するものである。わが国ではこれと、形成外科を区別することがある。形成外科は同じことを、医療を目的としてする、と。より単純に言えばこうなる。形成外科は「異常な状態」を「正常な状態」にするものであり、美容外科は「現実の自己」を「理想の自己」にするものである、と。もっとも両者の差は、ほとんど紙一重というほかはない。実際英語では、両者はともに**plastic surgery**である。

国際美容外科学会によれば二〇一一年の美容医療（美容外科と美容皮膚科の合計）の施術件数の上位八カ国のランキングは、以下の通りである。アメリカ＝三一一万件、ブラジル＝一四五万件、中国＝一〇五万件、日本＝九五万件、メキシコ＝七九万件、イタリア＝七〇万件、韓国＝六五万件、インド＝四七万件（表章単位未満を四捨五入。以下同）。しかしこれ（上位八カ国の施術件数）を、人口千人当たりの数字で見ると別のランキングが現れる。韓国＝一三・五件、イタリア＝一一・六件、アメリカ＝一〇・〇件、日本＝七・五件、ブラジル＝七・四件、メキシコ＝七・〇件、中国＝〇・八件、インド＝〇・四件。これを見ると韓国は、世界中で美容外科が最も盛んな国柄であることが分かる。実際韓国では、形成手術が日常化しているとの指摘もある。「現実の自己」

を「理想の自己」に置き換えたとたん、別の「理想の自己」が現れる。形成手術が中毒化するのは、論理的に必然的である。

人間的魅力

『源氏物語』は前半、絶世の美青年＝光源氏の恋愛遍歴を中心に構成されている。そこでの主人公が源氏本人であることは、紛れもない事実である。しかし一面では、かれは物語の狂言回しにすぎない。本当の主人公はむしろ、かれの恋の相手役＝宮廷社会の女性群像であると見ることもできる。物語は源氏の母桐壺更衣《きりつぼのこうい》が、時の帝（桐壺帝）の寵愛を受けることから始まる。元々かの女は、高貴な家柄の出身ではない。それでもかの女が、帝の寵愛を受けることができたのはなぜか。その理由はこうである、と論断することは難しい。しかし少なくとも、こう言うことはできる。一般に恋愛は、AとBの間に障碍があればあるだけ燃え上がるものである、と。それは『源氏物語』の巻頭にふさわしい、一つの挿話と見ることもできる。その二人の間に生まれた皇子が、やがて臣籍に下る（その際に「源氏」の姓を賜る）。そして以後、自由奔放な恋愛遍歴を繰り広げるというのが物語の設定である。

有名な「雨夜の品定め」（帚木《ははきぎ》の巻）は源氏が、本格的な恋愛遍歴を始める直前に行われている。そこでは女性について、源氏を含む四人の男性が語り合っている。いったいそこでは、何が語り合われているのか。言い換えれば女性は、どういう基準で評価されているのか。まずもってそこでは、階級が女性の評価基準となっている。すなわち女性は、三つの階級＝上級・中級・下級に区分されている（原文では三つの階級は、「上の品《しな》」「中の品」「下の品」という表現で区分されている）。といってもそれは、貴族階級の女性に限った話である。すなわち庶民階級の女性は、そもそも議論の埒外におかれている。その上でそこでの議論は、人間とりわけ女性の評価について考える際に示唆に富む（たとえばそこでの三階級を、近代の上流階級・中流階級・下流階級に読み換えることもできる）。議論をしている四人は、二人（源氏と頭《とう》の中将）が上級貴族、他の二人が中級貴族という内訳である。

面白いことにそこでは、もっぱら中級貴族（受領《ずりょう》階級）の女性が品評の対象となっている。一般に上級貴族の女性は、実家の社会的地位が高く、有力な後見人をもつ。これに対して中級貴族の女性は、実家の社会的地位が低く、有力な後見人をもたない。この後者の女性が宮廷社会のなかで問われるのは、いったい何か。――一言で言えばそれは、純粋な人間的魅力であろう。「人間的魅力」という表現が抽象的に過ぎるならば、容姿や気性と言い換えてもよい。つまりは階級的な制約なしに、純粋に容姿や気性を品評できる。そこに中級貴族の女性を品評の対象とすることの、固有の面白味があると思われる。源氏を除く男性三人は、自分の女性経験を赤裸々に語る。源氏はそれを、興味深く聞いている。その時点で源氏は、すでに一定の女性経験を積んでいた。しかしかれが、（理想の女性像＝母桐壺更衣ならびに義母藤壺の宮を心に秘めつつ）女性遍歴にのめり込んでいくのはこれ以降である。

したがって「雨夜の品定め」は、作品の構成上重要な位置を占めているのである。その直後に源氏は、二人の中級貴族の女性＝空蟬《うつせみ》ならびに夕顔と関係をもつ。作者は二人を、タイプの異なる女性として描いている。すなわち源氏にとって、前者は貞淑な（思い通りにならない）人妻として、後者は柔順な（思い通りになる）愛人として。空蟬は老受領の若い後妻で、ある邸宅に逗留している。その邸宅をたまたま訪れた源氏は、強引にかの女と関係を結ぶ。その後の執拗なアプローチをかの女は、かたくなに拒む。そのことによって空蟬は、源氏が恋い焦がれる存在となる。最後はかの女は、夫に従って国に下っていく。夕顔は元々、源氏の親友（頭の中将）の愛妾であった。しかし正妻から圧迫を受けて、いまは市井《しせい》に身を隠している。夕顔と関係を結んだ源氏は、身も心も奪われる。最後はかの女は、源氏との密会中に物の怪《もののけ》（別の源氏の愛人六条御息所《ろくじょうのみやすどころ》の生霊とも言われる）に取り殺される。

作品のなかで空蟬は、不美人として描かれている。そしてまた夕顔も、そう傑出した美人というわけでもない。にもかかわらず二人に、源氏が強く惹き付けられたのはなぜか。それは二人に、固有の人間的魅力があったからである。『源氏物語』には不美人でありながら、源氏から庇護を受ける女性が複数登場する（実は空蟬も、後年そうなる）。多数の美人が登場しては、退場していくなかで、かの女たちの存在は異色である。それは読者に、次のことを告げ知らせる。特段容姿だけが、人間の評価基準ではないこと。したがって容姿だけを理由に、プライドをもったり、もたなかったりすることは空疎であること。紫式部は（空蟬と同じく）中級貴族の出身で、老受領の妻となる。そして夫との死別後、宮仕えに出る。この間に式部は、『源氏物語』を書いたと言われる。かの女が美人であったかどうかは、何とも言えない。しかしかの女は、疑いなく自分自身にプライドをもっていたであろう。

自己決定権

「どういう容姿がよいと言えるか」は、結構難しい問題である。哲学的にはこれは、「美はいかに根拠づけられるか」という問題と同じである。カントは美的判断を、最終的に共通感覚（sensus communis）によって根拠づけた（『判断力批判』）。共通感覚によって美的判断は、（主観的制約を超えて）客観性をもちうるというのである。社会学的にそれを、こう敷衍《パラフレーズ》することもできるであろう。人々が共同主観的に「美しい」と思うところに、美的現象は生じる、と。ここで『暗夜行路』の主人公が、鴨川の辺《ほとり》で見初《みそ》めた一人の女に再登場を願おう。最終的に主人公謙作が、その女直子と結婚することはさきに書いた（第1章）。その前段階において謙作が、なぜ直子を見初めたのかという問題がある。言い換えればそれは、直子の容姿をどう表現するかという問題である。作者はそれを、主人公の友人の画家の感想を通して「鳥毛立屛風の美人」（「鳥毛立女屛風《とりげりゆうじよのびようぶ》の美人」の意であろう）と表現している。

要するに直子は、いわゆる「樹下美人」に喩えられているのである。読者の皆さんは「樹下美人」について、どういう印象をおもちであろうか。古来かの女たち（正倉院御物の「鳥毛立女屛風」は六扇で、六人の女性を描いている）は、「美人」で通っている。カント風に言えばそこには、人々の共通感覚があるということになる。しかしこれには、反論がありうる。たしかに昔は、豊《ほう》頬《きょう》で肥満の（ふっくらした）女性が「美人」とされていた。しかし今日では、どちらかと言えば細面《ほそおもて》で痩形の（すらっとした）女性が「美人」とされている、と。しかしまたこれにも、反論がありうる。結局のところ「蓼《たで》食う虫も好き好き」というのが、そこでの事態の真相であろう。より重要なことは人々の美的感覚は、けっして一様ではないということである。もしそれが一様であれば、そもそも美をめぐる論議は不要であろう。実際には多種多様な美的感覚間の争いとして、美をめぐる論議が戦わされている。

　いま人間が、人為的に操作できる領域を「文化」、そうでない領域を「自然」と呼ぶことにしよう。とすると容姿は、まさに文化と自然の間にある。そして服飾・美容・整形などは、一つの文化的活動ということになる。すなわちそれらは、まさに容姿を人為的に操作しようとする活動である。もちろんそれは、自分を「美しく」見せることを目的としている。しかしここに、一つの問題がある。というのも自分を「美しく」見せようとすることと、実際に他者に「美しく」見えることとは別問題であるからである。言い換えればそれは、自分を他者にどう美的にアピールするかという問題である。そういうアピールが奏功する場合もあれば、失敗する場合もある（あるいはまたそもそも、そういうアピールに関心がない場合もある）。いま一つ重要なことは、アピールしたい相手がだれであるのかということである。それが不特定多数の人々である場合もあれば、ある特定の個人である場合もある。

これに関連して『アーサー王の伝説』には、次のような難題が出てくる。ある騎士（ガウェイン）の妻（ラグネル）が新婚初夜に、夫にこう問う。「（妻である）わたしが夜美しく昼醜いのと、夜醜く昼美しいのでは、（夫である）あなたはどちらがよいか」と。前者の場合妻は、夫にとってだけ美しい。それに対して後者の場合は、夫以外のすべての人々にとっても美しい。それが概ね、この質問の趣旨である。伝説では一応、夫が見つけた「正解」が示されている。ちなみにそれは、「そなた自身が決めるがよい」というものであった。ともかくここには、「だれのために美しくありたいか」という難題がある。いま一つ卑近な例をあげれば、電車の車内での化粧直しはどうであろう。それに励む女性は、けっして車内の男性の気を引こうとしているのではない。むしろこれから会う人（々）のために、そうしているのであろうと思う。逆に車内の連中は、石ころも同然の扱いということになる。

一般に人間は、自分の容姿が「よい」こと（あるいは「よりよく」なること）を願う。いったいどこに、その美的基準はあるのか。たとえば男性であれば男性的（masculine）であること、女性であれば女性的（feminine）であることは、一つの基準である。しかし今日では、男女共通（unisex）のスタイルも広く受け入れられている。さらにまた女性が男性的（mannish）であること、男性が女性的（womanish）であることも……。とどのつまりここでは、『アーサー王の伝説』の「正解」を持ち出すほかはない。周囲の人々がどう思おうと、当人が「よい」と思うものがよい、と。——今日的な用語を使えばそれは、自己決定権ということになる。「プライド」は今日、ゲイ・パレードの世界的な合言葉となっている。ゲイ・パレードとは同性愛者などの、性的マイノリティの人々によるデモンストレーションをいう。かれらはまさに、プライドを賭けて性の自己決定権を勝ち取ろうとしている。

シャネル・スーツ

一般にトーテミズムとは、「特定の事物（とくに動物や植物）が自分たちと特別な関係にある」とする信仰をさす。当初それは、アメリカ先住民の研究のなかで注目された（元々トーテミズムという用語自体が、アメリカ先住民の言葉に由来している）。そして通常は、原始的な信仰として理解されている。しかしはたして、それはそうであろうか。というのも今日、わたしたちの周囲にもトーテミズムは溢れかえっているからである。たとえば家紋、校章、社章、商標、軍旗、国旗、勲章……は、それと同じ性格をもっている。そこではトーテム＝特定の事物が、各集団の象徴として機能している。レヴィ＝ストロースはトーテミズムを、人類に普遍的な知性の一つであるとする。そこでは集団の関係が、事物の関係によって示差的に表象されている、と（『今日のトーテミズム』）。「焼き印（家畜などに押される）」に語源をもつブランドも、今日のトーテミズムとして理解できるものである。

ブランドは『オックスフォード辞典』では、こう説明されている。「特定の会社によって、特定の名称の下に製造される、特別な商品」と。なるほどそれは、そうであるに違いない。しかし必ずしも、意が十分に尽くされていない感じがするのはなぜか。それはそこに、消費者の姿がないからである。ブランド（品）は生産者のみならず、消費者によって「製造される」という特徴をもつ。消費者がブランド（品）を購入するとき、購入しているのはいったい何か。一言で言えばそれは、社会的地位ということになろう。今日のトーテミズムとしてブランドは、示差的な特徴をもっている。ブランドAを購入することで消費者は、自分が集団Aのメンバーであること（集団Bのメンバーでないこと）を明示しているのである。そういう消費のことをヴェブレンは、「誇示的消費（conspicuous consumption）」と呼んだ。本書の関心ではそれは、きわめて安直なプライド確保の方策ということになる。

ここでブランドの事例研究《ケース・スタディ》ということで、シャネルを取り上げることにしよう。シャネルがココ・シャネル（本名ガブリエル・B・シャネル）を創始者とする、世界的なファッション・ブランドであることは断るまでもない。シャネル・ブランドを立ち上げる以前のココ・シャネルの前半生は、秘密のヴェールに包まれている。というのもココが、自分の前半生について積極的に語りたがらなかったから。それどころか相互に矛盾する、嘘八百を並べ立てたから。ここから「シャネルはいかにしてシャネルになったか」という、実証的問題が生まれた。複数の研究を総合するとかの女の前半生は、おおよそ次のようなものであったらしい。父親は放浪者で、まったく家庭を顧みなかった（職業的には一応、行商の仕事をしていた）。ココが十一歳のときに、母親が亡くなった。その後子どもたち（ココと姉一人、妹一人、弟二人）は、女児は修道院（孤児院）に、男児は救済院にそれぞれ預けられた。

（回想録風の書物のなかで）ココは自分の生い立ちについて、さらりとこう語っている。わたしには家もなく、愛もなく、親もなかった、と。今日的に言えばかの女は、アダルト・チルドレンの一人であったということになろう。十七歳のときにココは、別の修道院（寄宿舎）に入る。そしてそこを出たのち、ある衣料店のお針子になる。といってもかの女が、真っ直ぐに服飾の世界に入っていったわけではない。かの女は当初、歌手を目指していた（元々「ココ」は、歌手時代のかの女の愛称である）。しかしそれに挫折して、あるブルジョア男の愛人となる。その男から資金的な援助を得て、パリで帽子屋を開いたことが、かの女のファッション・デザイナーとしての出発点になる。男はそれを、「遊び」と思っていたかもしれない。しかしそれは、かの女の「仕事」となった。そしてほどなく、女のほうが男を捨てることになる。すなわちココは、「自立した女性」として歩み出すことになる。

その後のかの女の成功についてここで、わたしが素人談義をする必要はない。肝心なことは「シャネルはいかにしてシャネルになったか」は、一つの理論的問題でもあるということである。人は元々、何かで「ある」わけではない。実際にはかれまたはかの女は、何かに「なる」のである。比喩的に言えばそれは、扮装することと同じである。つまりは（化粧や服飾や整形を通じて）容姿を変えることが、何かに「なる」ことなのである。――いわゆるシャネル・スーツは「シンプル&エレガント」と評される、シャネルのスタイルをよく表している。今日でもそれは、「自立した女性」の服装の原型として通用している。もちろん本物のシャネル・スーツは、(非常に高価なために)そうおいそれと購入できるわけではない。しかし専門職で働く女性の多くが、その類似品を着用している。かの女たちはシャネル風のスーツを身にまとうことで、「自立した女性」のプライドを示しているのである。

吃音障碍

中世のヨーロッパで「四つの髑髏《どくろ》」を描いた、ある線画が流布していたらしいことはさきに触れた(はじめに)。おそらくそれは、次のことを物語っているのであろう。もし衣服や帽子がなければ、教皇も、大公も、農民も、乞食も区別できないことを。なるほどそれは、一つの真実であろう。しかしまた衣服や帽子なしに、わたしたちの生活が成り立たないことも事実である。一般にAとBの間に区別を設けることを、デザインと言う。それはまさに、(神に成り代わって)世界に秩序を与えることである。わたしたちにとって世界とは、このデザインされた世界である。わたしたちはそこから、そう簡単に抜け出せそうもない。たとえばAが、ノー・デザインを志向したとしよう。その際Aは、そのことでBとの差別化を図っていることになる。つまりは意図するとせざるとにかかわらず、一つのデザインを志向していることになる(ノー・ブランドが一つのブランドであることも、これとパラレルである)。

人間はデザインによって、もう一つの世界を創造した。しかしまた人間は、この（自らが創造した）もう一つの世界によって拘束されている。本章の主題である容姿もまた、そういうデザインの世界に含まれる。わたしたちが「理想の容姿」と「現実の容姿」の間の落差に思い悩むのは、そのためである。特段それは、社会的地位の高低には関係がない。たとえば王様にも、王様にふさわしい容姿がある。したがって王様も、自身が王様に扮しなければならないのである。イギリス女王エリザベス一世は元々、ヘンリー八世の王女として生まれた。しかしかの女が二十五歳で即位したのは、数々の偶然の産物であった。したがって若き女王の前には、「女王になる」という課題があったはずである。S・カプールが監督した『エリザベス』（一九九八年）は、そのことに固有の主題をおいている。そこではエリザベスが、女王らしい服装や化粧を通じて「女王になる」過程が鮮明に描き出されている。

文字通りそれは、一つの衣装劇《コスチューム・プレイ》と言わねばならない。『エリザベス』では主人公が、私室でスピーチの練習を積む場面がある。一般にスピーチは、何を話すかという（内容的）側面と、どう話すかという（形式的）側面をもっている。このうち後者は、容姿とそう無縁ではない。つまりは話をする際の口調や態度や服装が大いにものを言う、ということである。現イギリス女王エリザベス二世の父ジョージ六世が即位したのも、偶然の産物であった。兄エドワード八世が突然退位したため、かれに王位のお鉢が回ってきたのである。もっともジョージ六世は、そう国王向きの人物であったわけではない。——というのもかれには、吃音障碍があったから。元々かれは、スピーチには大変苦労していた。ましてや国王となれば、重要なスピーチの機会も多い。そういう苦難をかれが、どう乗り越えたのか。T・フーパーが監督した『英国王のスピーチ』（二〇一〇年）は、それを主題とする作品である。

　作品は一九二五年の大英帝国博覧会の閉会式で、ヨーク公アルバート王子（のちのジョージ六世）が父王ジョージ五世の代理のスピーチを行う挿話から始まる。といってもかれは、満足にスピーチを行うことができない。人々がそれにひどく落胆するというのが、そこでの挿話の結末である。アルバートの吃音は各種の治療によっても、一向に改善しない。最後にかれは、オーストラリア人の言語療法士L・ローグに出会う。元々ローグは、俳優で、特別な資格をもたない。かれは第一次世界大戦の帰還兵士たちの戦争神経症（今日的に言えばPTSDということになろう）による言語障碍の治療から、この世界に入った。そこにはローグの関心の何であるかが、端的に示されている。すなわち吃音者は、何らかの心的外傷《トラウマ》をかかえているというのがそれである。ローグは次第に、アルバートの信頼を勝ち得ていく。そのなかでアルバートが、さまざまな心的外傷をかかえていることが明らかになる。

　たとえばかれは、幼年期に左利きやX脚を「矯正」させられている。もちろんそれらが、「理想の容姿」から逸脱していたからである。しかしここで、一つの疑問が生まれる。かれが目下吃音を「矯正」しようとしているのも、それと同じではないか、と。ローグの治療が奏功したのか、アルバートの吃音は徐々に「矯正」されていく。映画は一九三九年の対独宣戦布告に際して、アルバート（もうジョージ六世になっている）が国民向けにスピーチをする挿話で終わっている。かれは渾身のスピーチで、国民を鼓舞することに成功する。人々の賞賛を受けるかれの姿は、プライドに満ち溢れている。この国王の物語はわたしたちに、いったい何を示唆しているのか。ジョージ六世はエリザベス一世と同じく、「国王になる」という課題に直面した。しかもかれの場合、容姿の「矯正」という苦難が待ち構えていた。そういう苦難の代価として国王は、ようやく国王のプライドを手に入れたのである。

　奈良の古寺で目にする仏像の大半は、今日古錆《ふるさ》びている。もっともそれらも、往時は金色《こんじき》に輝いていた（のみならず壮麗な装身具《アクセサリー》が、眩《まばゆ》い光を放っていた）らしい。ちょうどアジア各国の寺院で目にする光景が、そこにはあったわけである。体軀は総じて、常人の基準を超えている。それゆえに御仏たちは、人々の讃仰の対象になったわけである。今日のスーパーモデルやスーパーセレブたちも機能的には、それと等価である。かの女たちもまた超人的な体軀や服装によって、人々を魅了し続けているから。もっとも古錆びた仏像を「美しい」と評価する、別の美的感覚もありうる。そもそも容姿などどうでもよい、という美的判断もありうる。結局のところ「蓼食う虫も好き好き」が、事態の真相なのであろうか。――学歴は容姿とは別の意味で、人間のプライドの源泉である。すなわち人々は、学歴の有無に複雑な感情をいだいてきた。わたしたちは次に、学歴について考えてみることにしよう。

第6章

学歴——エリートは周流する

通過儀礼

インターネットや携帯電話がありふれたものになって、二十年近くが経つ。それによって人々のコミュニケーションがどう変わったか、というのは古い世代の問題にすぎない。というのも若い世代にとっては、それらの存在そのものが生の条件であるから。もっともインターネットや携帯電話の世界でも、新しいサーヴィスが日々提供されている。それによって生の条件が変化していることは、若い年代の読者もきっと実感しておられるはずである。そういう事態との類比においてインターネットや携帯電話のない時代の話に、しばしお付き合いをいただければと思う（もちろん古い年代の読者には、こういう断り書きは無用である）。要するにわたしの中学・高校時代には、インターネットも携帯電話も何もなかった。その時代には書物が、コミュニケーションの媒体として大きな位置を占めていた。一般の中学生や高校生が書物について、友人同士で会話する機会が現にあったということである。

その時代に結構影響力のあった作家の一人に、北杜夫がいる。とりわけかれの「どくとるマンボウ」シリーズは、わたしたちの愛読書であった。その魅力の何であったかを『どくとるマンボウ青春記』を題材に、少し振り返ってみたいと思う。その作品では前半は信州松本での、後半は東北仙台での、著者の学生生活がユーモラスに語られていた。とりわけ旧制松本高校の学生寮についての回想が、その作品中のハイライトであった。一言にして言えばそこには、高歌放吟・弊衣破帽といった蛮習《バーバリズム》があった。明らかにそれは、旧制高校生たちが特権的な存在であったこと（かれらの学生寮が特権的な空間であったこと）を映し出していた。そういう旧制高校的なものへの憧憬はわたしの中学・高校時代には、多少は残っていたということになる。わたしたちは北杜夫に導かれるように、Th・マンの『魔の山』や『ブッデンブローク家の人々』などを読み始めた（けっして読み通せたわけではないが）。

そういう時代に非常によく読まれた作品に、ヘッセの『車輪の下』（一九〇六年）がある。その作品の冒頭主人公のハンス・ギーベンラートは、受験勉強の最中にある。かれの父親は小商人《こあきんど》で、格別高度な教育を受けていない。父親はハンスを、神学校（そこを経て大学の神学部）に進学させようと目論んでいる。もしハンスが、そこの受験に失敗したらどうなるのか。父親は息子を、ギムナジウム（を経て大学の他の学部に）に進学させるつもりはない。そこには経済的な事情を中心とする、大人の打算が露わになっている。作品のなかではハンスが受験勉強で苦労する様子が、痛々しく表現されている。たとえばかれは、疲労や睡魔や頭痛と戦いながらラテン語やギリシア語や数学の勉強をしなければならない。社会学では人間の行為を、インストゥルメンタル（道具的もしくは手段的）な行為とコンサマトリーな行為に区分することがある（consummatoryにはいまのところ、定訳がない）。

インストゥルメンタルな行為が「他の目的のための手段としての行為」であるのに対して、コンサマトリーな行為は「それ自体が目的である行為」と定義される。『どくとるマンボウ青春記』では寮生たちが、何かと駄弁《だべ》っている。この「駄弁る」という行為は他に目的のない、コンサマトリーな行為にあたる。これに対して受験勉強は、インストゥルメンタルな行為にあたる。受験生は「合格」という目的のために、面白くもない勉学に励むわけである。ハンスは優秀な成績で、神学校の試験に合格する。そして神学校でも、優等生であろうとする。しかし結局のところ、かれの神学校生活はうまくいかない。とりわけ学生寮での生活が、かれの躓《つまず》きの石となる。一年も経たないうちにハンスは、神学校を退学する。退学後のかれを待ち受けていた悲劇的結末については、ここではあえて触れない。ちなみに「車輪の下」は、学業からの転落の比喩として（神学校の校長によって）用いられている。

わたしの中学・高校時代は総じて、大学入試を中心に回っていた。言ってみればわたしたちは、ハンスと同様の境遇にあったわけである。それが当時の中高生に、『車輪の下』がよく読まれた理由であった。いまではもう、そういう話はまったく聞かない。一つには書物は、若者たちのコミュニケーションの媒体ではなくなっている。そしてまた大学入試そのものも、この間に大きく様変わりした。いまではもう、大学は特権的な場所でも何でもない。すなわち大学の門戸は、若者たちに広く開かれている。したがって大学入試そのものが、年々稀薄化あるいは形骸化しつつあるように映る。――一昔前大学入試は、（全員ではないにしても）若者たちにとって通過儀礼としての意味をもっていた。しかしいまはもう、そういうことはない。それがよいことなのかそうでないのかは、一概には言えない。しかし今日の大学生がプライドをもちにくいことの最大の理由が、そこにあることは間違いない。

愚者の楽園

わが国で学制が公布されたのは、明治五年（一八七二）のことである。必ずしもそれは、計画通りに実施されなかった。そして明治十二年（一八七九）に、教育令に取って代わられた。しかし近代的な学校制度が、明治初年に構想されていたことに変わりはない。国際的に見てそれが、後進的・後発的であったわけではない。欧米諸国においても近代的な学校制度が成立するのは、それとほぼ同時代であるから（たとえばイギリスでフォスター法＝初等教育法が成立したのは、一八七〇年である）。近代的な学校制度の成立とともに人間の評価基準として立ち現れたのが、学歴である。すなわちどういう分野で、どういう内容の教育を受けたかで、人間を評価するようになったということである。東京大学は明治十年（一八七七）、東京開成学校と東京医学校を合併して創設された。それは明治十九年（一八八六）に、帝国大学と改称された。その当時「大学」と名のつく学校は、ほかにはなかった。

すなわち京都帝国大学が創設される（これとともに従来の帝国大学が、東京帝国大学と改称される）のは、明治三十年（一八九七）のことである。その後第二次世界大戦前に、東北・九州・北海道・京城・台北・大阪・名古屋の各帝国大学が設置された。原敬内閣は高等教育機関の増設のために、大学令を公布した。これによって府立大阪医科大学（大阪帝国大学を経て現在の大阪大学）などの公立大学、慶應義塾大学・早稲田大学などの私立大学、東京商科大学（現在の一橋大学）などの官立単科大学が続々と創立されるのは、大正八年（一九一九）以降のことである。いずれにしても第二次世界大戦前の帝大生ひいては大学生が、一握りのエリートであったことは明らかである。それどころか戦前は、中等教育機関（旧制中学校・高等女学校その他）への進学率も低かった。明治二十八年（一八九五）に四・三パーセントであったのはともかく、昭和十五年（一九四〇）でも二五・〇パーセントにとどまっていた。

すなわち戦前は、最終学歴が小学校卒業である者が大半であったということである。それに類する傾向は、戦後も長く続いた。新学制の発足によって戦後は、新制中学校までが義務教育となった。新制高校進学率（通信制を除く）は昭和二十五年には、四二・五パーセントであった。それが九〇パーセントを超えるのは、昭和四十九年（一九七四）以降である。平成二十四年（二〇一二）の高校進学率（通信制を含む）は、九八パーセントを超えている。いまでは中学校卒業生のほぼ全員が、高校に進学するということである。それとともに顕著になったのは、高校中退者の存在である。すなわち昭和五十七年（一九八二）から平成十三年（二〇〇一）までの間、毎年ほぼ十万人を超える高校中退者が生まれた。それ以降高校中退者は、減少傾向にある（平成二十年は六万六二四三人で、中退率は二・〇パーセントであった）。とはいえ中学卒業者のほぼ全員が高校に進学する裏側で、そういう事態が生じていることは確認されてよい。

話をそろそろ、大学進学率に移そう。大学進学率をここでは、「大学・短期大学入学者数（過年度高卒者を含む）を十八歳人口で除した比率」とする。そう定義すると昭和三十年（一九五五）の大学進学率は、一〇・一パーセントであった。以後それは、（高校進学率の上昇と連動して）ほぼ一貫して上昇し、昭和五十一年（一九七六）には三八・六パーセントに達した。その後十五年間ほどの停滞期間を経て、平成二年（一九九〇）から再び上昇基調に転じ、平成十七年（二〇〇五）に五〇パーセントを超えた。ちなみに平成二十二年（二〇一〇）の五六・八パーセントで頭を打ち、最近は大学進学率が低下している（平成二十四年は五六・二パーセント）。大学に限って（短期大学を除いて）見れば昭和三十年に七・九パーセントであったのが、昭和五十一年には二七・三パーセントに達した。その後の停滞と上昇の期間を経て平成二十一年（二〇〇九）以降は、五〇パーセントを超えている（以上、文部科学省『学校基本調査』などによる）。

人々の過半が大学に進学する状況は、高度大衆教育社会と言うべきであろう。――わが国の大学がいまや、「愚者の楽園」と化しつつあるという批判は跡を絶たない。かつてオルテガは、大衆がエリート化する（より正確には社会の指導的地位に立つ）状況を批判した。大衆＝平均人がエリート化すること自体が、一つの矛盾であるというのである（『大衆の反逆』）。目下わが国の大学で起こっていることも、それに通じるものがある。必ずしもすべての職業が、（大学卒業者にふさわしい）高度な知識や技能を求めているわけではない。したがって過半の人々が大学に進学する状況そのものが、一つの矛盾である。結果として大学卒業生は、大したプライドももてずに社会に送り出されていく。なおＯＥＣＤの統計（二〇一〇年）では、わが国の大学進学率はＯＥＣＤの各国平均（六二パーセント）を下回っている。この数字を見る限り「愚者の楽園」の収容人員には、まだ相応の余裕があることになる。

知識階層

夏目漱石の『三四郎』（一九〇九年）は冒頭、主人公の三四郎が鉄道で上京する場面から始まっている。かれは福岡県の出身で、旧制熊本第五高等学校を卒業して東京帝国大学に入学しようとしている。当時はもちろん、旅客機も新幹線もなかった。三四郎は山陽線と東海道線を乗り継いで、東京に向かっている。その途次名古屋の旅館で一泊するというのが、かれの旅程であった。今日から見ればそれは、はなはだ悠長な旅ということになろう。しかし当時は、鉄道そのものが一つの文明の利器であった。『三四郎』が新聞に連載されたのは、明治四十一年（一九〇八）である。東海道線は明治二十二年（一八八九）に、山陽線は明治三十四年（一九〇一）に、それぞれ全線開通している。開通当時の東海道線は全線で、約二十時間を要したとのことである。それでもそれは、人々の生活を革命的に変化させる要因となった。すなわち人々は、鉄道の敷設によって移動の自由を手に入れたのである。

そしてまた鉄道の敷設は、一つの「国家」を生み出した。というのも鉄道は、首都と全国津々浦々を結ぶものであったから（おそらく新聞も、それと同等の機能を果たしたであろう）。それ以前人々は、ローカルなコミュニティの枠内で生活していた。しかしいまや、より大きな社会の範疇に包摂されることになった。京都から名古屋までの車中で三四郎は、さまざまな人々と乗り合わせる。そのなかに四日市に行く（夫は大連に出かけたきり音信不通で、自身は子どもを連れて里に帰っている）という、一人の女がいる。ひょんなことから三四郎は、この女と名古屋の旅館で二人連れになる。といっても何事もなかったので、翌朝別れ際に女はこう言う。「あなたはよっぽど度胸のない方ですね」と。その後名古屋から新橋に向かう車中で、三四郎は髭面《ひげづら》の教師風の男（後日一高教授と分かる）と乗り合わせる。三四郎との談話のなかで男は、日露戦争後の日本についてこう言う。「亡びるね」と。

ここには学歴エリートとして、一つの世界からもう一つの世界へと飛躍しようとする主人公の姿がある。——東京で三四郎が交際するのは、知識階層の人々である。そのなかには三四郎の同郷の先輩で、東京帝国大学理科大学（理学部）で光線の研究をする野々宮がいる。そしてまた野々宮から見ると、大学時代の同窓生の妹である美禰子《みねこ》もいる。美禰子は周囲の男性と対等に渉り合う才色兼備の女性として、その役柄《キャラクター》が設定されている。三四郎は野々宮と美禰子の関係について、あれこれ邪推する。それは三四郎が、美禰子に強く惹かれているためにほかならない。結局のところ美禰子は、兄の別の友人と結婚する。その男は学問の世界ではなく、官吏もしくは実業の世界の住人であることが示唆される。いずれにしてもここでは、学歴エリートたちが一つの知識階層をかたちづくっていることが重要である。そういう知識階層の存在は漱石の作品を通じて、全国津々浦々に喧伝されたことになる。

『三四郎』は冒頭の場面を除けば、もっぱら大学周辺が舞台となっている。そして知識階層以外の人々がロクに登場しない、という特徴的な構成をとっている。たしかにそれは、東京の一面を表している。しかしそれで、東京の全体を類推することはできない。たとえば明治時代には、貧民窟探訪記が数多く書かれている。それらは知識階層とは対極にある、底辺階層の存在を映し出している。明治時代の貧民窟探訪記を代表する作品に、松原岩五郎『最暗黒の東京』（一八九三年）がある。松原は十三歳で故郷（鳥取県）を飛び出し、東京に流れ着いた。かれが「日本初のルポライター」になるまでの経緯は、ここでは割愛する。ともあれかれは、探訪記者として東京の貧民窟（三大貧民窟＝下谷万年町・四谷鮫ヶ橋・芝新網町を含む）に飛び込んだ。その際かれは、職業を三十回ほど替えつつ、貧民窟で五百日余りを暮らしたという。かれがそれを、「暗黒大学」の課業に喩えているのは面白い。

明らかにそれは、知識階層の人々に向けて書かれているのである。『最暗黒の東京』が書かれたのは、わが国の資本主義の黎明期にあたっている。そこでは大都市東京の底辺を生きる、商人・職工・車夫・芸人・日雇（労働者）などの姿が描き出されている。逆に言えばそこには、工場労働者の姿はない。最近の社会学では不安定な非正規労働に従事する人々のことを、アンダークラス（「階級以下」の階級の意）と呼ぶ。別段アンダークラスは、ごく最近の産物ではない。すでに『最暗黒の東京』の時代に、アンダークラスは存在していた。それはつい最近、高校や大学の卒業生が非正規労働に従事するようになって注目されたにすぎない。近代社会は知識階層と同時に、底辺階層を生み出した。そして知識階層の正のプライドは、底辺階層の負のプライドと同位対立の関係にあった。漱石が『三四郎』の冒頭で、主人公と素性の知れない女を同衾《どうきん》させたことには論理的な必然性があったのである。

文化資本

パレートは経済学界では、「パレート最適」に名前を刻している。社会学界ではかれは、社会システム理論の先駆者として知られる。のみならず「エリートの周流（circulation of elites）」も、かれの社会学的洞察ということになっている。そこでパレートが説くことは、実に簡明である。一般にエリートは、周期的に交替する（旧エリートが衰退し、新エリートが興隆する）法則があるというのである。その交替の過程は概ね、次のように説明される。エリートはつねに、少数（特定の階級）の利益を代表している。新エリートは当初、（旧エリートの階級性を批判して）多数の利益を代表して登場する。しかし旧エリートと交替すると、今度は少数の利益を代弁するようになる。かくしてエリートは、周期的に交替する、と。パレートがそこで中心的な関心をおいていたのは、当時のエリート＝ブルジョアジーの運命であった。しかし本書で問題にしたいのは、もちろん学歴エリートである。

学歴主義は今日、大変評判が悪い。すなわち学歴主義（学歴によって人間を評価すること）≠能力主義（能力によって人間を評価すること）という評判が、人々の間で立っている。わたしの周囲の学生諸君も総じて、それに近い意見をもっている。かれらは言う。学歴が高いからといって、能力が高いわけではない、と。そういう意見に対してわたしは、一応こうコメントすることにしている。学歴主義の登場以前人間は、身分や門地によって評価されていた。それに比べれば学歴主義は、ずっと公正である（ちなみに日本国憲法第十四条は、身分や門地による差別を禁止している）。そういう学歴主義のもつメリットを確認した上で、そのデメリットを問題にするのがよい、と。率直に言ってわたしの周囲の学生諸君は、自分の学歴に自信がない。そしてそれは、世間の大方の人々の場合も同じであろう。世間の大方の人々が学歴主義に批判的であることは、一種のルサンティマンの表明でもある。

学歴主義の中心にあるのは、試験制度による人間の選抜である。中国で六世紀から二十世紀まで実施されていた官吏登用制度＝科挙は、試験制度の何であるかを鮮明に表している。まずもってそれは、貴族制度との対抗関係のなかで発展してきた。すなわち科挙の目的は、天子の官吏を天下の人民のなかから選抜することにあった。そのために試験を公正に実施することが、実施者に課せられた使命であった。たとえば採点にあたって、こういう手順がとられていたというから驚く。すなわち受験生の答案は、写字係が写字し、それを校正係が校正した上で採点に回されていた。もちろん審査官が、筆跡から受験生を特定できないようにするためである。その他そこまでやるのか、という逸話が数限りなくある（宮崎市定『科挙』参照）。社会学では行為の目的と手段が入れ替わり、手段が目的化する場合のあること（目的の転移）を問題にする。科挙の場合もそれに近いものがある、と感じられる。

つまりはそこでは、試験の目的（優秀な人材の登用）と手段（公正な試験の実施）の取り違えが生じている、と。もっともデジュール（権利の）標準では公正でも、デファクト（実際の）標準ではそうではない、ということは十分にありうる。科挙は最終合格までに、長い歳月を要することが通例であった。そういう歳月を乗り越えるには、（受験生本人の能力に加えて）それ相応の経済力が必要であった。その意味では科挙は、そもそも知識階層（読書人層や士大夫層と呼ばれた）のためのものであった。あくまでも競争は、特定の階層のなかで行われていたのである。わが国でも明治維新後、各種の試験制度が整備された。そしてそれを通じて、学歴エリートが台頭することになった。たとえば旧制高校・帝国大学を経て、高等文官試験（文官試験や高等試験と称された時期もある）に通る、といったコースがそれにあたる。第二次世界大戦後もそれに近いコースは、現実に生きていた（いる）。

難関大学を経て、幹部職員のための公務員試験や司法試験に通る、といったコースがそれにあたる。それらは総じて、科挙を連想させるものがある（実際に司法試験は、「現代の科挙」と呼び習わされていた）。何もそれらの試験が、格段に難しかったと言いたいのではない。「デジュール標準では公正でも、デファクト標準ではそうではない」という制約は、ここにもあると言いたいのである。すなわち学歴エリートは、わが国でも知識階層のなかで再生産された一面がある。――ブルデューは学歴を、文化資本の一つと位置づけた。（経済的な）資本が資本を生むように、学歴も学歴を生むというわけである。一般に学歴は、業績的な要因として理解されている。しかしそれに、属性的な側面があることは明らかである。学歴エリートのプライドは実際には、かれまたはかの女の出身階層によって担保されていた。したがって人々が、それにルサンティマンをもつのはあながち見当違いでもない。

新エリート

科挙の根幹をなす科目は、儒教の経典＝「四書」と「五経」であった。それに詩題（詩作）と策題（評論）が加わって、全体が構成されていた。「四書」と「五経」は総計、四十三万字余りからなっている。受験生はそれを、一通り暗誦することが建前であった。そういう勉強が何の役に立つのか、とあざ笑いたい向きもあろうと思う。しかし受験生は、そこでたんに古典の知識を問われていたのではない。むしろかれらが問われていたのは、暗記力であり、忍耐力であり、文章力であったはずである。今日でも大学生は、しばしば情報処理能力や文書作成能力の重要性を言い聞かされている（それはかれらが、そういう能力を欠いているという偏見があるからである）。意外にも科挙の受験生が問われていたのも、そういう能力であった。そして今日でも、官僚諸氏は高度な情報処理能力や文書作成能力を求められている。そういう能力に磨きをかけることこそが、学歴エリートの条件なのである。

この四半世紀ほどのグローバル化は情報技術の発展・普及という意味での、ＩＴ化をともなっていた。グローバル化がIT化を促進し、IT化がグローバル化を助長するといった、相乗効果がそこにはあった。――この間新エリートとして、グローバル・エリートあるいはITエリートが台頭した。アップルの共同創業者であるスティーブ・ジョブズは、そういう新エリートの一人である。ジョブズは二〇一一年に亡くなる前の数年間、W・アイザックソンの独占的なインタビューを受けていた。そのインタビューを目玉として構成され、ジョブズの訃報とほぼ同時に刊行された伝記は、ジョブズの経歴や人柄を知る上で興味深い。本章との関連ではそれは、こう読みうる。ジョブズが登場した時代には、すでに学歴エリートの「体制《エスタブリッシュメント》」が確立していた。そういう旧体制に対してかれは、つねに異端的であり、戦闘的であった。そして四半世紀後には、かれ自身が一つの「体制」を樹立していた、と。

アイザックソンの伝記によればジョブズは、ウィスコンシン大学大学院生の両親の間に生まれた。父親はシリア人留学生で、母親はドイツ系移民の娘であった。母方の父親の反対のために二人は、当初結婚できなかった（のちに結婚し、女児＝ジョブズの妹を授かったものの、結局離婚する）。そこで生後間もないスティーブを、養子に出すことになった。ジョブズの養親になったのは、高校中退の元沿岸警備隊員で機械工の父親と戦争未亡人で事務職の母親であった。かくしてジョブズは、モーセのように「捨てられ、選ばれた」わけである。ジョブズを養子に出す際に、実親は一つの条件を付けた。それは養親が、「大卒者である」という条件であった。しかしジョブズの養親は、その条件を満たしていなかった。すったもんだの挙げ句に子どもを「大学にやる」ということで、双方の親が折り合う。大学進学率が七〇パーセント以上のアメリカの現状からすれば、このことは理解しにくいかもしれない。

しかし下層中流階級ないしは下流階級のジョブズの養親にとって、息子を「大学にやる」ことはなかなかの苦労であった。ジョブズの両親は汗水垂らして働いて、息子の学費を稼いだ。ここには子どもの学歴をめぐる、中流階級の親たちに特有の心的機制《メカニズム》がある。かれらにとっては子どもを「大学にやる」（より直截的に言えば「いい大学にやる」）ことが、一つのプライドなのである。ジョブズは本人の希望で、オレゴン州にある、学費の高い、リベラルアーツの私立大学に進学する。しかしかれは、そこを一年半ほどで退学する。一般に大学生は、（卒業単位取得のために）履修したくない科目も履修しなければならない。面白いことにジョブズにとっては、それが理解できないことであったらしい。この間かれは、マリファナやLSDを使用したり、禅に傾倒したりした。簡単に言えばかれは、ヒッピー風の反抗者であった。そういうかれがもう一つ興味をもっていたのが、電子工学《エレクトロニクス》であった。

そして電子工学によって世界を変革することが、その後のジョブズの目標となった。ジョブズが創業したコンピュータの会社（アップルコンピュータ）は、当初かれの実家のガレージを作業の拠点としていた。それが世界有数の時価総額をもつ企業（アップル）に成長するまでの経過を、ここでこと細かに述べるには及ぶまい。少なくともジョブズが、その成長の牽引車であったことは明らかである。そしてかれの学歴は、それとは何の関係もなかった。というよりもジョブズが凡庸な学歴エリートでなかったことが、かれの成功の秘訣と見られなくもない。ジョブズは一九八五年にアップル会長を退任したのち、九七年に暫定ＣＥＯとして復帰する。その際ジョブズが掲げた標語が、Think different であった。まさしく「(人と) 違うことを考える」ことが、ジョブズのプライドであった。筆記試験をようよう勝ち抜いた学歴エリートからは、そういう着想はなかなか生まれにくいであろう。

ニセ医者

ジョブズの周辺の新エリートにはジョブズと同様、大学もしくは大学院中退者が少なくない。オラクルの共同創業者Ｌ・エリソン、マイクロソフトの共同創業者Ｐ・アレンとＢ・ゲイツ、ヤフーの共同創業者Ｄ・ファイロとＪ・ヤン、パイララボ（レンタルブログサーヴィス会社）の共同創業者ならびにツイッターの共同創業者Ｅ・ウィリアムズ、グーグルの共同創業者Ｌ・ペイジとＳ・ブリン、フェイスブックの共同創業者Ｍ・ザッカーバーグなど、がそれにあたる。かれらが起業家（entrepreneur）である以上、それは不思議でも何でもない。しかし大学もしくは大学院中退後ほどなく、かれらが世界を股にかけ、巨万の富を手にする過程は劇的である。わたしたちはそこに、パレートの説く「エリートの周流」の最新版を見て取ることができる。そのなかで旧エリートとして、日々没落しつつあるのが学歴エリートである。すなわち学歴主義は、いまでは能力主義の敵役として遇されつつある。

しかし議論が、少々先走りすぎたかもしれない。というのもわたしたちの間では、学歴を積んだり、資格をとったりすることは相変わらず盛んであるから。とりわけグローバル・エリートでもＩＴエリートでもない、その他大勢の人々の間では。そのなかで根強い人気があるのは、「医師になる」コースである（下世話な話をすれば学費の割安な国公立大学医学部医学科の入試は、軒並み最難関となっている）。「医師になる」ことはいまでも、（中流階級の子弟にとって）最大のエリート・コースということなのであろう。医療従事者とりわけ医師を主人公とする映画やテレビドラマは、ほとんど掃いて捨てるほどある。そのなかで西川美和監督の映画『ディア・ドクター』（二〇〇九年）は、多少ユニークである。――というのもそれは、ニセ医者を主人公としているから。映画の舞台である神和田村（ロケ地は茨城県常陸太田市）は、人口千五百人ほどの山村で、半ば無医村という設定である。

その村営診療所の所長（医師）として四年前に、伊野が着任する。元々かれは、医療機器メーカーの営業マンであった。そして医師免許もなしに、医療行為を始める。もっとも伊野がニセ医者と判明するのは、四年後のことである。その間かれが、それなりに医師として通《とお》っていたことが面白い。もちろんそれを、創作として一笑に付すこともできる。しかしニセ医者が「それなりに医師として通っていた」とは、実際によく聞く話である。福音書を読むとイエスが、たびたび病人を治療する場面に出くわす。その治療は（近代医学の診療科分類で言えば）内科、外科、整形外科、小児科、婦人科、皮膚科、眼科、耳鼻咽喉科、精神科など、ほぼ全科にわたっている。のみならずかれは、（医学的には治療不能と目される）各種の障碍までものの見事に治療している。そもそこでの「治療」の何であるか、が問題にされてよい。つまりは近代医学の「治療」だけが、唯一無二の「治療」ではない。

特段伊野を、「僻地《へきち》のイエス」に喩えるつもりはない。しかしかれの存在によって、僻地の医療が機能したことも事実である。村営診療所に研修医として、相馬がやって来る。相馬は開業医の息子で、自身も「医師になる」コースに乗った、学歴エリートである。相馬は研修期間中、僻地医療の何であるかを実地に知る。そして研修を一通り終えたら、ここで勤務したいとまで言う。相馬の研修期間が終わるころ、（ある患者の癌の告知をめぐるディレンマから）伊野が失踪する。そして捜索の過程で、かれの経歴詐称や違法診療が次々に明らかになる。しかしそれは、あくまでも外面的な事情である。すなわち内面的な事情＝なぜ伊野がニセ医者になったのかは、必ずしも明示されない（どうやら伊野は、大学病院の勤務医の息子で、医者になり損ねたらしい、ということが示されるだけである）。その肝心の解釈を回避しているために『ディア・ドクター』は、すこぶる生温《なまぬる》い作品になっている。

経歴詐称は案外、世間のあちこちで行われているかもしれない。しかし発覚したとき、大きな問題になる場合とそうでない場合がある。とりわけ大きな問題になるのが、医師、法律家、大学教員など＝プロフェッショナル（専門家）の場合である。というのもプロフェッショナルは、高度な学歴や資格の上に成り立つ稼業であるから。それゆえにプロフェッショナルは、自分の学歴や資格に高いプライドをもつ。『ディア・ドクター』の伊野がなぜニセ医者になったのかは、よく分からない。金を稼ぎたかったのかもしれないし、人を助けたかったのかもしれない。しかし「プライドの社会学」の文脈では、こう解釈することもできる。伊野にとってニセ医者は、負のプライドを正のプライドに反転させるための方策であった。村人たちから「先生」と慕われるとき、かれはまんざらでもなかった、と。ウソの経歴をでっち上げてまでもプライドを保持したい、と願う人々は存外少なくないのである。

この四半世紀ほどの間わが国の大学は、「国際化」と「情報化」(より正確には「国際化」し、「情報化」する社会への適応)を主題に運営されてきた。「国際化」も「情報化」もともに、はなはだ曖昧な言葉である。実質的には前者は globalization、後者は computerization の、多少婉曲な表現なのであろう。いずれにしても重要なことは、大学がグローバル・エリートやITエリートを養成できるかということである。そういうエリートの第一陣がとうの昔に、大学に見切りをつけていたことはさきに書いた。その第二陣の養成について大学は、明確なヴィジョンをもっているのであろうか。それ以上に大学にとって悩ましいのは、社会はそう多くのエリートを要求していないということである。——この四半世紀ほどの間大学で目の敵にされてきたものの一つに、教養がある。従来教養は、人間のプライドの大いなる源泉であった。わたしたちは次に、教養について考えてみることにしよう。

第7章

教養——アクセスを遮断する

十八歳ごろに大学に進学したときの印象は、多くの大学進学者にとって鮮烈なものであるらしい。それは大学進学に、一つの文化的衝撃《カルチャーショック》としての側面があるからである。古い年代の人々（大学進学者に限定されるのであろうが）のなかにはいまでも、大学に「教養課程」があると思っている人々が少なくない。数々の一般教育科目（人文・社会・自然の三つの範疇に分かれていた）のなかから履修科目を選んだり、英語以外の第二外国語（ドイツ語やフランス語が定番であった）を学んだり、体育実技の授業をとったりしたことが、強く印象に残っているのである。ちなみに現在の大学から、そういう風景が一掃されてしまったわけではない。しかし全国一律の制度としての「教養課程」は、とうの昔になくなっている。いまでは大半の大学で、一年生から「専門科目」中心のカリキュラムが組まれている。そして「教養科目」（呼び名はさまざまであるが）は、「専門科目」の脇役に甘んじている。

わが国の大学に「教養課程」が設置されたのは、第二次世界大戦後である。一つにはそれは、アメリカの大学の「一般教育（general education）」を模範としていた。と同時にそれは、戦前の旧制高校の伝統を継ぐものであった。元々「教養課程」は、どういう趣旨で設置されたのか。そういう論議も教育学的には、それなりに重要であろう。しかしここで、それに立ち入るつもりはない。というのも理想と現実は、つねに相容れないものであるから。一般教育科目は長年、学生たちから「般教《ぱんきょう》」と（親しまれつつ）一段低く見られていた。その選択は多分に、「有益」／「無益」ではなく、（単位取得の）「容易」／「困難」を基準として行われていた。第二外国語の学習は大半の学生にとって、労多くして功少ないものであった。大学の授業に体育実技がしっかり組み込まれているのも、その趣旨が判然としなかった。そうこうするうちに大半の大学では、「教養課程」が廃止されてしまった。

　そもそも「教養」とは、いったい何か。英語で「教養」にあたる言葉は、**education**や**culture**である。すなわちそれは、「教育」「教化」「訓練」「養成」「修養」「鍛錬」「育成」「陶冶」「錬磨」などに類する言葉である（**culture**が**cultivate**に由来することは、教師が愛好する話である）。ドイツ語でも「教養」にあたる言葉は、**Bildung**である（たとえば「教養小説」は、**Bildungsroman**である）。**Bildung**は元々、**bilden**（英語では**build**）から来ている。つまりはここでも、「教養」＝「形成」ということになる。もっとも「教養」＝「形成」というだけでは、何一つはっきりしない。そこでは何を「形成」するのか、が少しも明らかでないからである。そのことが明らかでない以上、「教養」論議が迷走するのも当然である。イギリスの批評家R・ウィリアムズは『キーワード辞典』のなかで、「英語で一番厄介な二、三の言葉のうちの一つが、**culture**である」と言っている。

　それとまったく同じことは、日本語の「教養」についても言えるのではあるまいか。たとえば「学歴」の高低と「教養」の高低の間には、何か関係があるのか。一見両者は、正の相関関係にある（「学歴」が高ければ「教養」が高く、「学歴」が低ければ「教養」が低い）ように映る。もしそうであれば、本章（「教養」の章）はまったく不要であろう。すでに前章で、「学歴」を扱っている以上は。しかし実際には、「学歴」と「教養」の関係はなかなか微妙である。かりに「学歴は高いが、教養が低い」人物や「学歴は低いが、教養が高い」人物がいたとしても、（日本語として）少しも不自然ではない。その意味では「教養」は、「学歴」とは何か別物なのである。かつては「教養課程」の目的として、「人格の陶冶」や「人間の形成」が語られた。しかし今度は、「人格」（「人間」）の何であるのかがはっきりしない。ということでここでは、「人格」の社会学的再解釈から話を始めよう。

一般に「人格」は、時間的・空間的な制約を超えた、安定的な生の主体をさす。しかし実際に、そういう主体が存在しうるかどうかは疑わしい。実際には人間は、その時々の状況に何とか自らを適応させているにすぎない。英語で「人格」にあたるpersonality（「人間」にあたるperson）は、仮面を意味するギリシア語（prosopa）に由来する。つまりは状況に応じて、どう役柄《キャラクター》を演ずるかが、「人格」の原義である。そういう社会学的再解釈に基づけば「教養」にも、別の相貌が現れる。——すなわち「教養」とは、自分らしい生の技法を形成する作業である（あるいはまた自分らしい生の技法そのものが、「教養」である）。そういう作業を人間は、一生を通じて行う。それを大学教育のなかに入れるかどうかが、さきの「教養課程」の存廃の問題である。「教養」とは別名、人間がプライドをもって生きるための技法である。そういう技法の伝承は大学の内外で、年々難しくなってきている。

有効期限

教養にはしばしば、「豊かな」とか「幅広い」といった形容句が付く。どうやら該博な知識は、「教養が高い」ことの一つの要件らしい。本書では教養を、「自分らしい生の技法（を形成する作業）」と再定義した。そういう技法は浅薄な知識よりも、該博な知識に裏打ちされていることが望ましい。近年の大学では「知識」よりも、「情報」という言葉をよく耳にする。象徴的に言えば文献講読に代わって、情報技術の授業が組まれている。別に情報技術よりも、文献講読が重要であると言いたいわけではない。わたしが言いたいのは、「情報」≠「知識」ということである。そもそも大量の（大半がクズ同然の）「情報」から良質の「情報」を抽出できるのは、一定の知識があるからである。本来知識は、論理的な一貫性と客観的な妥当性を備えた命題の体系である。もし知識がなければ、わたしたちは本能の赴くままに生きていくほかはない。その意味では知識は、人間の存在理由《レゾン・デートル》に相当する。

知識のメディアとして長く君臨してきたのが、書籍である。そしてまた雑誌も、それに準ずる地位を占めてきた。たしかに雑誌は、（知識のメディアというよりも）情報のメディアとしての性格を色濃くもつ。しかし後発のインターネットに比べれば、ずっと書籍に近い。平成二十二年（二〇一〇）に刊行された新刊書籍・新刊雑誌の点数は、書籍が七万八三五四点、雑誌が四〇五六点であった。長期的な傾向で見ると書籍・雑誌ともに、第二次世界大戦直後に新刊点数が急激に増加した。その後の減少・停滞期を経て昭和三十年代以降は、新刊点数が安定的に増加した。しかし平成十七年（二〇〇五）ごろを頂点に、新刊点数は書籍・雑誌ともに減少局面に入っている。それ以上に深刻なのは、実売総金額の減少である。すなわち書籍・雑誌ともに、平成八年（一九九六）ごろを頂点に実売総金額は減少に転じている。ちなみに平成八年の書籍＋雑誌の実売総金額は、二兆七千億円ほどであった。

それ以降実売総金額は、前年度比で平均二・二パーセントほどのペースで減少している。平成二十二年にはそれは、二兆円ほどであった。この間実売総金額は、平成八年比で二七パーセントほど減少したことになる。とりわけ実売総金額の減少は、雑誌において顕著である。売上比率で雑誌が書籍を逆転したのは、昭和五十一年（一九七六）である。その格差は平成十年（一九九八）には、雑誌六：書籍四にまで拡大した。そういう状況は当時、「雑高書低」などと称された。しかし当時、すでに雑誌の退潮は始まっていた。すなわち平成八年から平成二十二年までの間に、雑誌の実売総金額は三二パーセントほど下落した（以上、『出版年鑑』による。実売総金額は推定値）。明らかにそれは、インターネットの影響によるものであった。すなわちIT化のなかで、情報のメディア＝雑誌の存在理由は不明確になりつつある。のみならずIT化の影響は、知識のメディア＝書籍の存在理由をも脅かしつつあるのが実情である。

人々が「本を買わなくなっている」ことは、種々の調査でも示されている。総務省統計局の『家計調査』によると（二人以上の世帯の）一世帯当たりの教養娯楽費の合計は、平成二十三年

（二〇一一）には年間三六万五〇〇〇円であった（表章単位未満四捨五入。以下同）。このうち書籍費は、九〇〇〇円であった。その金額はしかも、平成八年ごろ（一万一〇〇〇円）から長期的な減少傾向にある。したがって平均的な家計支出のなかで、書籍費の占める割合は微々たるものである。そもそもここで書籍を取り上げること自体が、相当に間が抜けているのである。しかしまあ、そう言い切ると身も蓋もない話になる。わたしたちは現に、書籍を通してコミュニケーションしているのであるから。書籍をめぐる陰鬱な話を続けると、大学生もますます書籍を買わなくなってきている。大学生協の平成二十三年の調査では大学生の一カ月の書籍費の平均額は、自宅生が一八五〇円、下宿生が二〇七〇円であった。

読書時間に関する調査でもこれと、まったく同様の結果が出ている。書籍は今日、世界の片隅にどんどん追いやられているように映る。『もうすぐ絶滅するという紙の書物について』という対談集で二人の老練な愛書家J＝C・カリエールとU・エーコは、「紙の書物」が耐久性のあるメディアである（かえって最新の電子メディアは、十年もすれば使用できなくなる）ことを力説している。と同時にそこでは、わたしたちの生が恒常的な変化にさらされていることが強調される。言い換えればそれは、「現在」が瞬間的に「過去」に移りゆくということである。――そういう状況の下で知識は、その有効期限をたえず問われている。それは本章の主題である、教養についてもまったく同じである。教養＝生の技法は今日、（いったん身に付いても）古びるのが早い。現代は人間が、プライドをもって生きることが困難な時代である。今日のプライドは明日、正から負へと反転しているかもしれない。

新陳代謝

J・アイヴォリー監督の『眺めのいい部屋』(一九八五年)はE・M・フォースターの同題の原作(一九〇八年)の世界を、大筋で再現している。その主人公ルーシー・ハニーチャーチは良家の娘で、イギリス南東部の田園地帯サリー州(イギリス人にとってそこは、「裕福な中流階級の住宅地」というイメージがあるらしい)に住んでいる。原作によればかの女の亡父は、地方の事務弁護士として財産を築いた。その父が構えた屋敷に、いまはルーシーとかの女の母と弟の三人が暮らしている。弟は目下、医学を学んでいる。要するにハニーチャーチ家は、新興の中層中流階級といった位置づけになる。そのハニーチャーチ家のルーシーが十八、九になって、イタリアに海外旅行に出かける。イギリスからイタリアへの海外旅行といっても、交通手段の未発達な時代の話である。当然それは、それなりの日数と費用を要した。そういう旅行に中流階級の娘が出かける、というのが物語の設定である。

イギリスでは十八世紀に、グランド・ツアーと称される海外旅行が流行した。これは上流階級の子弟が、フランス・イタリアなどに出かけた修学旅行をさす。修学旅行といっても(その日本語から連想される旅行とは異なり)個人旅行で、数カ年にわたることもザラであった。グランド・ツアーは十九世紀には、(次第に簡素化しつつ)中流階級の家庭にも広まっていった。とりわけ中流階級の子弟のイタリア旅行は、その定番であった（本城靖久『グランド・ツアー』参照）。二十世紀初頭のイギリスを舞台とする『眺めのいい部屋』は、そういうグランド・ツアーの伝統の上に成り立っている。すなわちルーシーは、従姉のシャーロットとともにイタリア旅行に出かける。シャーロットは従姉といっても、ルーシーよりもずっと年輩である。かの女はルーシーの付き添い（chaperon）で、礼儀作法の監督役を担っている。こういう役割の人物が同行するのも、グランド・ツアーの伝統であった。

物語はルーシーとシャーロットが、フィレンツェの下宿屋《ペンシヨン》に着く場面から始まる。その際二人は、小さな事故に遭遇する。予約していた南側の部屋（「眺めのいい部屋」）ではなく、北側の部屋に通されたことがそれである。それを仄聞したイギリス人の親子エマーソン氏と息子のジョージは、自分たちの南側の部屋との交換を申し出る。その申し出が受け入れられて、ルーシーとジョージの間に一つの接点が生まれる。エマーソン氏は労働者の息子で、機械工を経てジャーナリストになった。そしてまたジョージは、目下鉄道会社で働いている。すなわちエマーソン家は、おおよそ下層中流階級といった位置づけになる。実際二人は、フィレンツェの下宿屋で周囲のイギリス人旅行者＝中流階級の人々から「行儀が悪い」と見られている。その背景には中流階級の人々を縛る、ヴィクトリア朝風（旧式）の道徳観や価値観があった。ルーシーもまた当初は、そういう古典的教養のなかで生きている。

しかしかの女は、そのことに徐々に疑問をもつようになる。人間は本来、相互に対等な存在である。したがって階級的障壁も、けっして乗り越えられないわけではない、と。そういうかの女の現代的教養の構築にイタリア旅行が大いに与《あずか》って力があった、というのがそこでの物語の設定である。旅行者の一団で遠出をした際、ルーシーとジョージは草原で二人きりになる。そのときジョージは、ルーシーに衝動的なキスをする。それをシャーロットが目撃したことで、ルーシーとジョージの関係はいったん途絶する。翌日ルーシーとシャーロットは、フィレンツェ滞在を切り上げてしまうから。その後作品の舞台は、イギリスに移る。物語はルーシーが、母親の知人の息子セシル・ヴァイスからの結婚の申し込みを受け入れた場面から再開される。ヴァイス家は（ルーシーのハニーチャーチ家よりも一段上の）上層中流階級に属し、セシルは無職である。要するにかれは、「有閑階級」に属している。

作品のなかでセシルは、古典的な教養人として描き出されている。というよりもかれは、ほとんど滑稽な存在である。婚約中にルーシーは、そのことに段々と気づいていく。とりわけセシルが、ルーシーに儀礼的なキスをする場面は印象的である。それはイタリアでの、ジョージの衝動的なキスの場面の対極にある。ハニーチャーチ家の近隣の貸家にエマーソン氏が移り住み、週末にはジョージも訪れるようになる。最終的にはルーシーは、セシルとの婚約を破棄する。そして階級的障壁を越えて、ジョージと結婚する。そういう選択がルーシーに可能であったのは、かの女が現代的な教養人であったからである。何も古典的な教養だけが、唯一の教養ではない。――教養も日々、新陳代謝を繰り返しているのである。二十世紀の初頭においてルーシーは、かの女なりにプライドをもって生きようとした。そのプライドの根底にはかの女がイタリア旅行などで培った、現代的な教養があったのである。

書物の選別

現生人類は生物学的に、Homo sapiens と呼ばれている。すなわち人間は、「知性をもつ動物」と定義されている。人間は知性によって、世界を創造してきた。さしあたり世界とは、一つの混沌（ないしは無秩序）である。そのなかで一定の秩序を創造することが、知性の活動である。言ってみればそれは、神をも畏れぬ所業である。旧約聖書で（知恵の木の実を食べた）アダムとイヴが、楽園を追放されるのも当然である。ともあれ人間は、知性によって世界を創造してきた。そういう知性の活動は書物をはじめとする、さまざまなメディアによって記録され、保存され、伝承されてきた。それがまさに、知識のシステムである。知識のシステムは日々、高度化し、複雑化している。いまでは知識のシステムそれ自体が、一つの混沌と化している。その全体に精通する者は、（神でもなければ）もはやどこにもいないから。かつてはファウストのように、諸学に通暁した大学者もいたかもしれない。

しかしいまでは、そういう大学者は地を掃ってしまった（特定の専門分野について深い学識をもっているのが、今日の大学者である）。わたしたちは壮大な知識のシステムの前で、呆然と立ちすくむほかはない。わたしたちにできることは、せいぜい壮大な知識のシステムの一端をかじることだけである。しかしそれは、教養＝自分らしい生の技法の形成ということでは意味をもつ。蔵書に喩えて言えば、こうなる。たしかに巨大な図書館の膨大な蔵書を、限られた時間のなかで読み尽くすことはできない。しかし自室の本棚に、ささやかな蔵書を並べることはできる（いまではウェブ上に、擬似的な本棚を構えることもできる）。そういうかたちでわたしたちは、自分なりの知識のシステムを構築している。もっとも一つの問題は、どういう書物を読むかということである。書物の世界はそれ自体、一つの混沌である。そのなかから「これ！」という一冊を選ぶことは、至難の業と言うほかはない。

教員はことあるたびに、学生に図書を推薦する。いまどき推薦された図書を、律儀に読む学生は数少ない。その意味では「推薦図書」は、推薦者自身のプライド誇示の手段と言えなくもない。――その上でそれは、書物の選別システムの一種である。そういう選別システムは書物の周囲に、種々張り巡らされている。たとえば著者や版元は、口を揃えて言う。本書こそが読者にとって、「これ！」という一冊である、と（もちろん本書の著者や版元も、その例外ではない）。それに類するメッセージは、書評者や推薦者などからも発信されている。結局のところここにあるのも、一つの混沌である。つまりは何が「これ！」という一冊なのかは、相変わらず分からないということである。最後にそれを選別するのは、読者自身である。読者自身が「これ！」という一冊を選んで（読んで）、事後的にそうでなかったという場合もある。しかしそれは、「これ！」という一冊の事後的な選別に相当する。

わたしたちは書物の世界で、「これ！」という一冊を探索する。しかし実際には、そういう書物にはめったに巡り合わない。というよりもそれは、わたしたちの手の届かないものである（そうであればこそわたしたちは、その探索をやめない）。いったいそこでは、何が問われているのか。書物が中心的なメディアであるのは、人文科学ならびに社会科学の領域である。とりわけ「人文書（book of humanity）」を中心に、以下の考察を続けよう。そこで問われているのは、文字通り人間の姿（form of humanity）である。より具体的には人間は、いかなる姿をとりうるのか。そしてまた人間が、最高の姿をとりうるとすればいかなるものか。それらが「人文書」を貫く、基本的な関心事である。ここで「人間の姿」と呼ぶものは、「教養」と呼んでもそう大差がない。その意味で「人文書」は、教養のメディアとして機能してきた。それを通じて人々は、人間の姿を種々探求してきたのである。

わたしたちの周囲では今日、多文化主義（multiculturalism）が大きな影響力をもちつつある。端的に言えばそれは、さまざまな人間の姿を容認する態度である。一見それは、大いに理想的な思潮のように映る。しかしそれは、人間の「醜い」姿を容認する態度でもある。バウマンは『コミュニティ』で、（アフリカの諸部族でいまでも行われている、女子割礼＝陰核切除などの事例を挙げながら）そういう多文化主義の負の側面を批判している。もっとも多文化主義の批判者は、別の問題に行き当たる。いったいだれが人間の姿の「美醜」を判断するのか、という問題がそれである。バウマンはそれを、知識人の仕事であると言う。しかし知識人は、そこまでの信頼をけっして得られないであろう。結局のところここにあるのも、一つの混沌である。わたしたちは最高の（もしくは次善《セカンドベスト》の）人間の姿を、自ら選び出すほかはない。それは人間がプライドをもって生きることと、まったく等価である。

専門的知識

わたしは大学一年生の前期に、「科学史」を履修した。その担当のM教授は時々、ジーンズの上下で登場した。かれは服装のスタイルにおいては、結構現代的であったわけである。しかし講義のスタイルにおいては、必ずしもそうではなかった。たとえばいまでも、強くわたしの印象に残っていることがある。M教授は学術用語を（日本語で）紹介する際に、合わせて英語、ドイツ語、フランス語の表記をも紹介された（実際には日本語の表記が、それらの西洋語の翻訳であった）。そこまでは当時の大学で、結構よくあることであった。M教授の場合それに、しばしばラテン語が加わった。このラテン語の紹介は講義の進行上、必要な手順であったのかもしれない。しかし率直に言って、わたしには「ブタに真珠」「ネコに小判」の類であった。そのM教授は後年、「教養とは何か」風の書物を著された。それを一読したわたしは、三十年近く前のラテン語の一件を思い出さずにはいられなかった。

かつてラテン語は、国際的な（といってもヨーロッパ域内の）学術語として流通した。しかしいまでは、まったく実用性を喪失している（ましてやヨーロッパから遠く離れた、極東の島国では……)。にもかかわらずラテン語は、学校で長く余命を保った。『車輪の下』の主人公ハンスがラテン語(さらにまたギリシア語)の勉強に苦労したのは、十九世紀の末である(第6章参照)。英語のschoolは元々、ラテン語のscholaから来ている。よく言われるようにscholaは、「余暇」を意味している。要するにschoolは、(「仕事」の空間ではなく)「余暇」の空間を意味している。そういう「余暇」の空間でラテン語が長く余命を保ったことは、さほど不思議でもない。かえってそれは、実用的でないから実用的であったのである。いずれにしてもラテン語は、(欧米圏の学校で)古典的な教養の代名詞となった。大学一年生のときにわたしがM教授の講義で経験したことには、その余韻がかすかに残っていた。

ヴェブレンは『有閑階級の理論』(一八九九年)のなかで、有閑階級の文化を批判した。その一つとしてそこでは、大学教育も槍玉に上がっている。ヴェブレンはこう言う。大学教育はそもそも、有閑階級(具体的には僧侶階級)の文化として生まれた。そしていまも、その痕跡を残している。たとえば儀式(入学式や卒業式)に際して、教授や学生が学帽をかぶったり、正服《ガウン》をまとったりするのもそれである、と。のみならずそこでのヴェブレンの中心的な標的は、人文学(humanities)や古典学(classics)におかれている(「南欧の死語」としてのラテン語は、その王座を占めている)。ヴェブレンはこうも言う。伝統や名声を誇る大学であればあるほど、人文学や古典学を重視している、と。もっとも古典的な教養は、つねに現代的な教養によって乗り越えられる宿命をもつ。ヴェブレン自身『有閑階級の理論』のなかで、現代(同時代)の大学教育に生じつつある変化について触れているらしい。あえて曖昧な表現をするのは、どうやらそれは、経済学や社会学の登場のことを言っているらしい。あえて曖昧な表現をするのは、そうは明示的に語られていないからである。すなわちヴェブレンは、（古典的な教養を痛烈に批判しながら）現代的な教養を明確に提示していない。その意味ではドラッカーは、ヴェブレンよりも前進している。『ポスト資本主義社会』（一九九三年）のなかでドラッカーは、ポスト資本主義社会＝知識社会の理論を提示している。従来の資本主義社会では土地・労働・資本の三つが、生産の資源であった。しかし今日のポスト資本主義社会では、知識が生産の資源になる。資本主義社会では資本家と労働者が、中心的な階級であった（このうち労働者は、生産手段をもたない階級であった）。しかしポスト資本主義社会では、知識労働者とサーヴィス労働者が中心的な階級となる。このうち知識労働者は、生産手段をもつことが注目される。というのもかれまたはかの女は、知識をもっているから。

概ねそれが、そこでのドラッカーの主張である。そこでは理論が、現実のずっと先を行っている。その意味ではそれを、そのまま真に受けることもない。しかし「知識が基本的な資源となってきている」という、かれの指摘そのものは興味深い。ドラッカーによれば「知識社会」の中心的な担い手は、知識労働者である。この知識労働者のことをかれは、「教養人（educated person）」とも呼ぶ。もちろんそれは、古典的な教養人とは異なる。――ドラッカーは「教養人」の条件を、さまざまな専門的知識をもつことにおく。より正確には専門的知識を、一般的知識としてもつことにおく。いずれにしてもここには、「教養」概念の決定的な転回がある。ラテン語＝知的なプライドの象徴という時代は、とうに終わっている。（ドラッカー風に言えば）わたしたちは今日、さまざまな専門的知識をどう運用《マネジメント》するかを問われている。それがまさに、わたしたちの知的なプライドの戦場となりつつある。

ググる

中島敦の短編小説「文字禍」はアッシリアの老博士が、大王の命令で「文字の精霊」について探究する物語である。といってもそれは、格別神秘的な話ではない。「文字の精霊」とはそこで、文字（あるいは書物）のもつ魔術的な魅力をさしているから。たとえばそこには、「或る書物狂の老人」が登場する。その老人は博学で、あらゆる言語に通じ、あらゆる書物を読んでいる。「凡《およ》そ文字になった古代のことで、彼の知らぬことはない」と、作者は書く。しかし老人は、自分の身辺の雑事にはからっきし興味がない。たとえば今日の天気がどうであるか、子どもを亡くした隣人をどう慰めたらよいか、自分がいまどういう衣服を着ているかといったことは、まるでご存じない。要するにそこでは、「文字の世界」が実質的な現実性（virtual reality）をもっている。そしてそれが、「現実の世界」を圧している。そういう老人のことをわたしたちは、「変人」とあざ笑うことができるであろうか。

本来「文字の世界」は、実質的な現実性をもっている。そうでなければ「文字の世界」は、

「文字の世界」たりえない。最近の社会学で市民権を得ている概念に、「想像のコミュニティ(imagined community)」がある(第10章参照)。たとえば国家のメンバーが、一堂に会することは事実上ありえない。それでも国家が、国家として存立しうるのはなぜか。社会学者ならばこう答えるであろう。それは国家が、「想像のコミュニティ」であるから、と。そこではまさに、「文字の世界」が実質的な現実性をもっているのである。それに関連して『文字禍』のなかには、ある「若い歴史家」と例の老博士の間の興味深い問答がある。歴史家がこう問う。歴史とは「昔、在った事柄」をいうのか、それとも「粘土板の文字」をいうのか、と(アッシリアでは文字は、粘土板に彫られていた)。それに対して老博士は、こう答える。「書かれなかった事は、なかった事じゃ。……歴史とはな、この粘土板のことじゃ」と。

どうやら老博士自身が、相当に「文字の精霊」にたぶらかされているらしい。というのもかれにとっては、文字に記録されること=実在すること(文字に記録されないこと=実在しないこと)であるから。そういう感覚はいまでも、わたしたちの間に広く行き渡っている。たとえば自分(あるいは自分の属するコミュニティ)が、メディアで取り上げられたらどうであろうか。好意的な文脈であれば吉報、そうでなければ凶報というのが、世間の相場であろう。あるいはまた自分で費用を負担してでも、自著を出版したい人々は跡を絶たない。そこでは自分の活動が、メディアを通じて記録され、保存され、伝承されることが重要なのである。今日圧倒的な存在感をもちつつあるメディアに、グーグルの検索がある。わたしたちの多くは一日に何度となく、そのサーヴィスを利用する。そして自分の知りたいこと（それは往々にして、自分自身に関わることである）について、ウェブ上の情報を探す。

今日ではあたかも、グーグルの検索でヒットしない＝この世に存在しないかのようである。スタンフォード大学の大学院生Ｌ・ペイジとＳ・ブリンは一九九五年に知り合って以降、ウェブページの検索エンジンの開発に努めた。グーグルは二人が開発した検索エンジンの名称であるとともに、一九九八年に二人が創業した会社の名称でもある。グーグル（Google）は会社登録の際に、グーゴル（Googol）の綴り間違い《スペルミス》によって生まれた名称であるという。グーゴルは数の単位で、一グーゴルは十の百乗（10^{100}）つまりは一の後に〇が一〇〇個連なった一〇一桁の整数にあたる。そこには桁違いの量の情報を扱おうとする、グーグルの目標が象徴的に表現されている。グーグルの「会社案内」にはいまでも、こう明記されている。「グーグルの使命は、あらゆる情報を系統立てて整理し、いつでもどこでもだれでも利用できるようにすることである」と。一見それは、きわめて斬新な試みのように映る。

たしかに最新の情報技術を基盤としている、という意味ではそうである。しかしグーグルが、知識（ないしは情報）のシステムであることに変わりはない。すなわちそれは、アッシリアの粘土板の最新版にあたるのである。――わたしたちは「ググる（google）」ことで、あらゆる情報に「アクセス可能である」と聞かされている。しかし何度「ググり」続けても、教養＝自分らしい生の技法が高まるわけではない。というのも教養は、断片的な情報を選別し、組織する技法であるから。したがって本当に重要なことは、時として「アクセスを遮断する」ことであろう。そして教養＝自分らしい生の技法に磨きをかけるべく、深く思索することであろう。それによってわたしたちは、わずかながら知的なプライドを回復することができるかもしれない。そう言いながらわたし自身、日々くだらない事柄について「ググり」続けている。疑いなくわたしたちは、目下反教養＝無秩序の時代を生きている。

いつの時代も年少者は、年長者の自分勝手な批評にさらされる。たとえば最近の若者について、「半径五十メートルの世界」で生きているという評がある（数字は種々置き換えられる）。これは若者が、あまり書籍や新聞を読まず、テレビやネット上のニュースにもさして興味がない（らしい）傾向について評したものである。そういう若者たちの傾向を助長するものとして、SNS（Social Networking Service）もしばしば注目される。S・レヴィの『グーグル本社』によればグーグルは、SNSのサーヴィスで（たとえば対フェイスブックで）近年後手に回ることが少なくないらしい。若者たちに（遠い世界の出来事よりも）身近な出来事に興味をもつ傾向があるならば、それはそれで興味深い。――信仰者にとっては聖典の一句が、何万冊の雑書よりも価値をもったりする。宗教は長く、人間のプライドの源泉として機能してきた。わたしたちは次に、宗教について考えてみることにしよう。

第8章

宗教——神のほかに神はなし

いまでもヨーロッパの古い大学都市（たとえばケンブリッジやオックスフォード）を訪ねると、カレッジのなかにチャペルがある光景を目にする。そういう光景がわたしたちにとって、そう珍しいわけでもない。わが国の私立大学の何割かはキリスト教系であり、その敷地のなかにもチャペルがある以上は……。しかし本家本元の（キリスト教系の）大学で目にする光景は、やはり圧巻である。そこでは大学の敷地や建物が、チャペルを中心に見事に編成されているからである。カレッジのなかにチャペルがある光景は、いったい何を物語っているのか。それは大学が、元々僧院に由来するということにほかならない。実際ヨーロッパの歴史家たちは、そのことを縷々《るる》説き明かしている。たとえばPh・アリエスは、『アンシャン・レジーム期の子どもと家庭生活』のなかでこう説く。カレッジは元々、（十二世紀末期以降貧しい学生たちのために）修道院のなかに設置された収容施設に由来する、と。

もっとも大学と僧院が類同性をもつことは、わが国のごく普通の大学を見ても明らかである。なるほど元々のカレッジのように、全寮制を敷いている大学は少ない。しかし大学の周辺には、学生寮や下宿屋（ワンルーム・マンションという新種の下宿屋も含めて）が軒を連ねている。さらにまた大学のなかには、講堂や食堂がある。これは僧院のなかに、そういう施設があることとパラレルである。あるいはまた大学は、時計台その他のかたちで塔を備えている。明らかにそれは、チャペルの意匠を模したものである。おそらく僧院の塔は、「信仰の何であるか」を象徴的に表現しているのであろう。すなわち神は、（地上にいるわたしたちに対して）「天上におわす」ということである。それと同じく大学の塔も、「学問の何であるか」を象徴的に表現している。学問の目標＝究極の真理は（凡人であるわたしたちが）いくら懸命に追求したところで、容易に把捉しえないということがそれである。

わたしが中学・高校時代を、奈良の大寺のなかの学校で過ごしたことはさきに書いた（第4章）。その学校はまさに、お寺の境内にあった。つまりはそこでは、教育施設のなかに宗教施設があるのではなく、宗教施設のなかに教育施設があったわけである。そのお寺は古来、八宗兼学を旨としてきた。八宗兼学とは元々、広く八宗（南都六宗に真言宗・天台宗を加えたもの）の教義を兼ね学ぶことをさす。そこから転じて、「広く物事に通じていること」を八宗兼学と呼ぶようになった。一言にして言えば学問寺としての特質を、そのお寺は濃厚にもっていた。そういう寺院にして学院でもある特質を、わたしの母校も自覚的に継承していた。早い話がわたしは、在学中に宗教教育をまったく受けていない（倫理・社会の時間に担当のO先生が、仏典について踏み込んだ授業をして下さったことを除けば）。その意味ではわたしたちは、お寺のことをそれほど意識せずに学校生活を送ったことになる。

もっともお寺のなかの学校に通っていることが、わたしたちの生活に影響を与えなかったわけでもない。言ってみればそれは、無意識のうちに受けた影響である。たとえばわたしたちには、登下校時に行う一つの儀礼があった（特段それが、校則として定まっていたわけではない）。お寺のご本尊が安置される大きな仏殿に向かって、脱帽の上一礼するということがそれであった。あとから考えるとそれは、わたしたちの生活のリズムをかたちづくる機能を果たしていたように思う。大学時代に週に一度学生寮の近くの大きなカトリックの教会に通ったときにも、それに類する経験をした。一般に宗教は、さまざまな儀礼の上に成り立っている。それらの儀礼はさまざまな場面で、信者たちによって共有され、遵守されている。本書の関心ではそれは、プライド確保のための一つの方策と見ることができる。この場合信者たちのプライドの源泉となっているのは、信仰のコミュニティにほかならない。

必ずしも奇跡に遭遇することだけが、宗教的経験ではない。むしろ宗教的経験の大半は、わたしたちの日常的経験のなかに浸透しているのである。しかしわたしたちも、時として奇跡に遭遇する。——恥ずかしながらここで、わたしが最近経験した奇跡の瞬間を報告させていただく。わたしが中学・高校の六年間登下校時に向き合った仏殿で、昨夏「東日本大震災物故者慰霊と被災地復興への祈り」という法要が営まれた。その法要（祭事）は鎌倉のある神社との共催で、一昨年から奈良と鎌倉で数回営まれている（縁あってわたしは、そのすべてに参列している）。昨夏の法要では福島県南相馬市の中高生合唱団による、合唱の奉納があった。その合唱とりわけ「ふるさと」の合唱は、殿内に美しく響いて、奇跡と呼ぶほかないものであった。少女たちの歌唱が僧侶の皆さんの読経《どきょう》や神官の皆さんの祝詞《のりと》よりも、参列者の心を揺り動かしたのはなぜか。その理由をわたしは、いまも問い続けている。

生の範疇

そもそも世界の人口は、概数でしか把握できない。ましてや宗教人口ともなれば、なおさらである。ある人物がある宗教の信者であること自体が、そう簡単に確定できないからである。その上で世界の宗教人口の概要を知ることは、わたしたちにとっても示唆に富む。『ブリタニカ国際年鑑』二〇一二年版によれば世界の信者人口（二〇一一年央）は、キリスト教＝二二億九八〇九万人（三三・〇パーセント）、イスラム教＝一五億六〇三九万人（二二・四パーセント）、ヒンドゥー教＝九億五九九四万人（一三・八パーセント）、中国民間宗教＝四億六八四五万人（六・七パーセント）、仏教＝四億六七五五万人（六・七パーセント）、民族宗教＝二億六九二五万人（三・九パーセント）、新宗教＝六三二〇万人（〇・九パーセント）、シク教＝二四二九万人（〇・三パーセント）、ユダヤ教＝一四八八万人（〇・二パーセント）などとなっている（比率は推定世界人口＝六九億七四〇四万人を一〇〇とした場合の各信者人口の比率。数値は表章単位未満を四捨五入。以下同）。

さらに（最大の信者人口を誇る）キリスト教信者の内訳は、カトリック＝一一億八四三六万人（一七・〇パーセント）、プロテスタント＝四億二六〇七万人（六・一パーセント）、東方正教会＝二億七五八一万人（四・〇パーセント）、アングリカン・チャーチ＝八七九三万人（一・三パーセント）などとなっている。もちろんイスラム教もヒンドゥー教も仏教も、けっして一枚岩ではない

（イスラム教はスンニ派やシーア派などに、ヒンドゥー教はヴィシュヌ派やシヴァ派などに、仏教は大乗仏教や小乗仏教やタントラ仏教などに、それぞれ割れている）。ましてや中国民間宗教や民族宗教や新宗教ともなれば、種々雑多である。結局のところ世界の宗教地図は、複雑なモザイク画の様相を呈している。すなわちそれは、（国境線によって区画される）通常の世界地図とは別物である。それは世界が、宗教的な軋轢（最終的には戦争）の温床であることを示している。とりわけ国家が特定の宗派に肩入れするとき、軋轢は必然化する。

今度はわが国国内の宗教地図に、目を転じよう。宗教人口を把握しにくいというのは、わが国国内でもまったく同じである。文部科学省は毎年、各宗教団体の信者数を調査している（『宗教統計調査』）。それによると平成二十二年（二〇一〇）十二月三十一日現在の「全国社寺教会等宗教団体」の信者数は、神道系＝一億二七六万人（八〇・二パーセント）、仏教系＝八四六五万人（六六・一パーセント）、キリスト教系＝二七七万人（二・二パーセント）、諸教＝九四四万人（七・四パーセント）となっている（比率は平成二十二年十月一日現在の推計総人口＝一億二八〇六万人を一〇〇とした場合の信者数の比率）。そこでの信者数の総計は一億九九六二万人で、推計総人口の一・五倍を超えている。これは各宗教団体が報告した信者数を、そのまま集計しているためである。その意味ではそこでの数字が、どこまで信頼できるのかは疑問である。もっともそこでの結果＝神道系と仏教系の併存は、ある程度実態を反映している。

というのも一軒のなかに神棚と仏壇がある、あるいは神社にも寺院にも参詣するというのが、わが国の庶民の宗教感覚であるからである。さきの世界の信者人口との対比では何といっても、キリスト教やイスラム教＝一神教の信者が少ないことが注目される（そもそも『宗教統計調査』で捕捉されていないイスラム教は、以下の議論でも除外する）。わが国の宗教団体の中核を占めるのは、文部科学大臣所轄の宗教法人である。その平成二十二年のキリスト教信者数は九八万一千人で、旧教＝四四万八千人、新教＝五三万三千人という内訳になっている。わが国でカトリックの布教が始まったのは、十六世紀の中葉である。カトリック中央協議会の資料によると慶長十九年（一六一四）の統計で、わが国のカトリック信者は六五万人を超えていたという。（三世紀にわたる禁教を割り引いたにしても）十九世紀中葉の布教再開から今日まで、キリスト教の信者数が伸び悩んでいることは明らかである。

寛永十四年（一六三七）から翌年にかけての島原・天草一揆では推定三万七千の人々が、二日間で虐殺された。かれらが籠城した原城が狭小であることから、その「悲惨の密集度」を原爆投下に類比する見解もある（桑原武夫「考史遊記」）。明らかにそれは、キリスト教＝一神教的な信仰を背景とするものであった。そしてわが国に、一神教的伝統がないと単純に言うことはできない。堀田善衞は島原・天草一揆を、太平洋戦争期の島嶼防衛＝「玉砕」に類比している（『海鳴りの底から』）。何もここで、「玉砕」を礼賛するつもりはない。そこでは天皇システムという名の、一神教的な信仰が作用していたと言いたいだけである。宗教的信念は人々に、生のプライドを提供する。――その際死も、生の範疇に含まれている。すなわち宗教的信念は、死のプライドをも提供する。天皇システムのなかで人々のプライドがどう作用したかについては、より冷静な社会学的分析が必要である。

神の道化師

学生時代にカトリックの教会に通っているときに何となく聞き覚えた話に、「聖母の曲芸師（軽業師）」がある。おそらく神父様のどなたかが、何かの折りに話して下さったのであろうと思う。フランスの古い話で、アナトール・フランスが小品にしているということも、そのころ知ったはずである。もっとも堀口大學訳で、A・フランスの「聖母の曲芸師」を読んだのは、ずっとのちである。一読してわたしは、「心が洗われる話」であるとは思った。しかし学生時代に、その話を聞き知ったときの感動はもうなかった。どうやら話には、聞きどきや読みどきがあるらしい。もしそれを、もっと早く（子ども時代に）聞いたり、読んだりしていたらどうであったであろうか。案外わたしは、ちっとも感動しなかったかもしれない。わたしたちは現在、十三世紀の写本に収められた「聖母の曲芸師」の最も古い版を読むことができる。しかしここでは、A・フランスの小品をたどるだけで十分である。

その昔フランスに、ベルナベという曲芸師がいた。かれは曲芸を見せながら、町から町へと渡り歩いていた。かれのとっておきの秘芸は毛氈《もうせん》の上で、両手で逆立ちした状態で（両足で）六個の真鍮製のボールを綾にとったり、身を反らせて踵の上に首を載せた状態で（両手で）十二本の肉切り包丁を弄んだりといったものであった。ベルナベは額に汗して日ごとのパンを得ながら、神を畏れるとともに聖母マリアを仰ぐ、一人の正直者であった、と筆者は言う。要するにかれは、無垢（innocence）を体現しているのである。このベルナベが修道院長と遭遇したことが機縁で、修道僧になる。修道僧たちは各自の技を競うかのように、聖母に奉仕している。聖母の美徳を称える論文を著したり、その論文を見事な筆跡で写したり、それに精密な挿画を入れたり、あるいは聖母の像を刻んだり、聖母の栄光を讃える詩を作ったり、ということがそれである。しかしベルナベには、何もできることがない。

そうこうするうちにベルナベは、人気《ひとけ》のない時間を見計らって一人でお堂に籠るようになる。修道院長たちがお堂のなかを覗き込むと、聖母の像の前で例の秘芸を披露するベルナベの姿がある。あわててお堂に入って、ベルナベを引き摺り出そうとしたとき、修道院長たちは「奇跡の瞬間」に立ち会う。というのも聖母が、祭壇を降りて、曲芸師の額の汗をぬぐっていたから。よく知られているようにイエスは、「山上の説教」でこう説いている。「心の清い人々は幸いである。かれらは神を見るから」と。A・フランスは「聖母の曲芸師」を、この聖句の引用で締め括っている。ベルナベは経済的に貧しいのみならず、精神的にも貧しい。ここで「精神的に貧しい」というのは、純真であり、無垢であるということである。そして純真であり、無垢であるゆえに、「神を見る」という逆説がここにはある。それはまさに、原罪以前の＝知恵の木の実を食べる前の人間の状態に類比できるものである。

カトリックの教会に通っていたときに、時々耳にした名前に聖フランチェスコがある。通常それは、かれが小鳥に説教したという文脈においてであった。カトリックではかれは、聖人に列せられている。したがって生身のかれの人間像を知る機会は、かえって乏しかったように感ずる。そういう聖フランチェスコの人間像を知るようになったのは、カトリックと距離をおいてからである。何冊かの伝記的著作によれば聖フランチェスコは、イタリアのウンブリア地方のアシジという町の裕福な毛織物商人の長男として生まれた。元々かれは、一人の放蕩者であった。つまりは豪奢な衣服や帽子を身にまとって、仲間たちと祝宴を催したり、貴族の娘クララ（のちの聖クララ）の窓辺で夜想曲を歌ったりすることがかれの日常であった。結局のところかれが、なぜ回心したかについてはよく分からない。その何年か前かれは、アシジと隣国ペルージャとの戦争に従軍して、一年間捕虜生活を送っている。

帰国後は重病にかかり、長い闘病生活を送っている。それらは何らかの意味で、かれの回心と関係しているのであろう。しかしかれが、回心したことそのものが重要であるわけではない。むしろかれが、後半生を（放蕩者から一転）求道者として生きようとしたことが重要なのである。その際かれは、徹頭徹尾清貧な生活を志向した。もちろんそれは、一定の現実的な妥協を要する。そうでなければ生物的ならびに社会的存在としての、自己の生存そのものが脅かされるから。——それでも極力清貧な生活に努めたところに、神の道化師＝聖フランチェスコの非凡さがある。本書の文脈ではそれは、あらゆるプライドを捨てることに相当する。そしてそれが、もう一つのプライドを与えるという逆説がここにはある。しかしそれは、凡人にはなかなか達し得ない境地である。かれの存命中から弟子たちは、現実的な妥協を繰り返していた。今日かれを賛美する人々についても、概ねそれは同じである。

人間の絆

「宗教とは何か」をめぐってはこれまで、多くの論議が積み重ねられてきた。その全体像を描き出すことはもちろん、ここでの任務ではない。しかし論議の概略を知っておくことは、何かと有益ではないかと思う。たとえばアメリカの哲学者・心理学者W・ジェイムズは、宗教をこう定義する。宗教とは「孤独な状態における人々の感情であり、行為であり、経験であって、その際かれらは、何かしら聖なるものと、自分自身が関係をもつと感じている」と(『宗教的経験の諸相』)。この定義の一つの特徴は「神」ではなく、「聖なるもの」という表現を使っていることである。明らかにそれは、キリスト教的な制約を突破《ブレイクスルー》するためである。より具体的にはジェイムズは、その定義のなかに仏教をも包摂しようとしている。本来仏教は、自分自身が仏陀(智者・覚者)になることを究極の目標としている。したがってそこには、超自然的・超人間的な存在としての「神」の概念は存在しようがない。

もっとも仏教のなかに、それに類する概念がないわけではない。実際わが国では、「仏」による済度《さいど》(救済)を希求する信仰が一般化している。そこでの「仏」はまさに、超自然的・超人間的な存在である。しかしそれをもって、仏教全体を理解することは当然無理がある。したがってジェイムズが、概括的に「聖なるもの」という表現を用いていることには意義がある。その上でジェイムズの定義の最大の特徴は、宗教を個人的経験としてとらえていることである。言い換えればかれは、心理学的に宗教に接近しようとしているのである。たしかに宗教は、それ自体一つの心理現象である。わたしたちは一定の条件の下で、宗教的な精神状態になるのである。ジェイムズと同じく宗教に、心理学的な接近を試みているのがフロイトである。フロイトは晩年の論文（『幻想の未来』）のなかで、宗教について主題的に論じている。そこでのかれの理論的な枠組みは、文化と自然の対話的な関係である。

さきにも書いたように文化とは、人間が人為的に操作できる領域である。そして自然とは、その対概念である（第5章）。フロイトはまず、こう説く。人間は自然に対抗するために、文化を構築する。しかし文化は、人間にとって敵対的な一面をもつ。というのも文化は、（文化そのものを保護するために）人間の欲動を制御《コントロール》しなければならないから、と。たとえば規範（道徳や慣習や法律）は、その最たるものと言うことができる。もっとも文化を通じて、人間が自然に対抗していることに変わりはない。そういう関心からフロイトは、宗教についてこう言う。人間の前に自然は、一つの脅威として立ち現れる（数々の災害があり、病気があり、最後には死が待ち構えている）。言い換えれば自然の前で、人間は脆弱で、無力な存在である。そういう不安な状況から抜け出すために人間は、宗教＝神の概念を生み出した、と。第一義的にはそれは、さまざまな自然の脅威から人間を庇護するためのものである。

と同時にそれは、文化そのものから人間を保護するためのものであるとフロイトは言う。というのも社会生活＝他者との共同生活そのものが、人間にとって苦悩の種であるからである。わたしたちの周囲にも特定の宗教に入信した（改宗した）人々が、結構いる。その際社会生活上の問題が、かれらの入信の動機になっていることは少なくない。そこでは宗教が、社会的な問題を解決する方策になっているのである。それは宗教が、一つの社会現象であることを端的に示している。一般に宗教は、教団と切っても切れない関係にある。それは接近を試みたのがデュルケームである。かれはまず、宗教を「超自然的・超人間的な存在（神）の信仰」として定義することを忌避する。そうした関心から宗教に、社会学的なる（『宗教生活の原初形態』）。その際デュルケームが仏教を念頭においているのは、さきに取り上げたジェイムズの場合と同じである。

しかしそれが、そこでのかれの議論の核心であるわけではない。続けてかれは、こう説く。宗教とは教団に基盤をおく、信者たちの儀礼のシステムである、と。すなわち教団は、信者たちの儀礼＝宗教的にどう振る舞うかという行為のシステムを定めている。そのことによって信者たちは、社会的に統合されているというのである。英語の **religion** は元々、「結束する」という言葉に由来している。――宗教とは本来、人間の絆を意味しているのである。いったい特定の信仰をもつことで、プライドを確保しうるとすればそれはなぜか。社会学者であればそれに、こう答えるであろう。信仰をもつことは同時に、仲間を得ることであるから、と。つまりは一定のコミュニティ的な結合が、そこでのプライドの源泉なのである。その意味では「聖なる世界」と「俗なる世界」の間に、けっして決定的な断絶はない。フロイト的に言えば人間が、脆弱で、無力な存在であることに変わりはないのである。

ユダヤ人の神

旧約聖書を読むと古代イスラエルの人々が、きわめて過酷な運命におかれていたことが分かる。たとえば『出エジプト記』には、次のような話がある。紀元前十三世紀(ラムセス二世治下の)エジプトで、イスラエルの人々は奴隷的状況におかれていた。そのときモーセが現れて、かれらを率いて故国に戻ろうとする。この集団的大移動(exodus)を扱った書が、文字通り『出エジプト記(Exodus)』である。さてファラオ(古代エジプト王)が、そういうイスラエル人の行動を簡単に容認したはずはない。ここで取り上げる話は、その妨害工作の一つに関わるものである。エジプトでイスラエルの人々が従事していた仕事の一つに、煉瓦作りがある。粘土のほかにわらがその主原料であった。ファラオは役人に、こう命令を下す。「これまではあの連中に、煉瓦作りのためのわらを与えてきた。しかし今後は、かれら自身に集めに行かせよ。しかも煉瓦作りのノルマは、これまで通りとせよ」と。

イスラエルの人々は自分でわらを集めたものの、ノルマを果たすことができない。その結果かれらは、ファラオの役人に棒や鞭で打たれることになる。たまらず窮状を訴えたところ、ファラオはこう言い放つ。「お前たちが苦境にあるのは、わたしのせいではない。ひとえにそれは、お前たちが怠け者であるからである。つべこべ言わずに働いて、煉瓦作りのノルマを果たせ」と。正確にはイスラエルの人々は、自分でわらを集めることを命じられた。しかしかれらは、「わらなしで煉瓦を作る」ことを命じられたのも同然である。英語で「わらなしで煉瓦を作る（make bricks without straw）」は、「過酷な条件下で仕事をする」という意味をもつ。それは二十一世紀初頭の今日、グローバル化のなかで多くの人々がおかれた状況を連想させるものがある。たとえば今日、先進国の若者たちの失業率はおしなべて高い。そういう若者たちは世間から、「怠け者」のレッテルを貼られることも多い。

若者たちはまさに、「わらなしで煉瓦を作る」ことを求められているのである。しかし話を、イスラエルの人々の集団的大移動に戻そう。ファラオの妨害工作にもかかわらずかれらは、エジプト脱出に成功する。それではかれらは、簡単に故国にたどり着くことができたか。もちろん話は、それほど単純ではない。というのもそこは、すでに異民族の人々の土地であったからである。結果としてモーセたちは、四十年間荒野をさまようことになる。そしてモーセ自身、故国に足を踏み入れることなく亡くなってしまう。一般にディアスポラ（Diaspora）とは、紀元前六世紀のバビロン捕囚後ユダヤ人がパレスティナから離散したことをさす（そのころからユダヤ王国の遺民という意味で、「ユダヤ人」という呼称が用いられるようになった）。しかしディアスポラは、イスラエルの人々の恒常的な状況であったようにも映る。かれらはけっして、安定的に故国を回復することはできなかったのである。

それゆえに故国は、かれらの望んでやまないものになった（かれらはそこを、「約束の地」とか「乳と蜜の流れる地」とか呼んでいる）。そこはまさに、かれらの想像のコミュニティであった。そして神が、かれらのコミュニティ的結合の中核となった。元々自分たちは、神によって選ばれた存在である。にもかかわらず自分たちは、目下不幸である。いったいこれは、どう説明できるのか。畏れ多くも神は、自分たちを不幸な境遇におかれた。そのことで神は、自分たちを試しておられる。簡略に言えばそれが、かれらの説明であった。この説明は「苦難の神義論」として、完全に合理的である。それによってかれらが弁護しようとするのは、いったい何か。もちろんそれは、かれらの神である。しかし社会学的には、もう一歩踏み込んだ解釈があってよい。デュルケームも言うように神とは、社会の別名である。イスラエルの人々は神を弁護することで、自分たちの社会を防衛していたのである。

これに類する集団の防衛は、宗教の周辺で広く行われている。そこでは神は、どこまでも偉大な存在である。それに対して人は、どこまでも卑小な存在である。そういうかたちで個人のプライドよりも、集団のプライドが尊重される。それがまさに、宗教の論理である。六六年から七四年にかけて古代ローマと（古代ローマのユダヤ属州に住む）ユダヤ人の間で、ユダヤ戦争が戦われた。この戦争にユダヤ人の側が敗れたことが、その後のかれらの運命＝ディアスポラを決定づけるものになった。その最後の局面で戦われたマサダの戦いは、古代ユダヤ教の何であったかを物語っている。その戦いでは一千人ほどのユダヤ人が、三年間マサダ砦に籠城した末に全滅する。ほとんどそれは、集団自決と言ってもよい。もしかれらの結束の中心に神がなければ、そういう事態は生じなかったであろう。——のみならずディアスポラの運命にもかかわらず、ユダヤ人の神＝社会は丈夫《タフ》に生き続けたのである。

故国喪失者

新興宗教とは既成宗教に対して、比較的最近生まれた宗教をさす。元々どんな宗教も、最初は新興宗教として出発する。そして既成宗教の側から、うさん臭い宗教として扱われた経験をもっている。たとえば新約聖書で描かれる、イエスの活動はどうであろう。かれが周囲の人々の目に、うさん臭い人物として映ったであろうことは想像に難くない。そういう世間的な価値判断を回避するために、最近では「新興宗教」を「新宗教」と言い換えることも一般化している（ただし英訳すれば、どちらも new religion である）。しかし新宗教に対する、世間の厳しい視線に何ら変わりはない。そしてそれが、新宗教の側にとって不都合であるとは一概に言えない。というのもそれは、新宗教の教団が結束を図っていく上で格好の条件であるからである。どんな宗教も受難（より具体的には弾圧）の歴史を、ほとんど必要条件のように有している。それがまさに、個々の教団のプライドの源泉なのである。

一定の年齢層より上の人々に強い印象を残している新宗教に、オウム真理教がある。ほとんどそれは、邪教《カルト》の代名詞ともなっている。ところがオウム真理教を、身近に知らない年代の人々も増えてきている（オウム真理教の教祖や信者が地下鉄サリン事件を引き起こしたのは、平成七年である）。その意味ではいまさらながら、この新宗教を俎上に載せることは無意味ではなかろう。森達也監督の『A』（一九九八年）はオウム真理教の広報担当者荒木浩を中心的な被写体とする、自主製作のドキュメンタリー映画である。なぜ荒木が、森の被写体に選ばれたのか。それは荒木が、教団と社会の接点に位置していたからである。カメラは荒木に密着することで、教団の内部の人々を映し出す。と同時に教団の内部の人々を媒介にして、外部の人々をも映し出す。オウム真理教事件後しばらく、テレビメディアがステレオタイプ的な報道を繰り返したことは一定の年齢層より上の人々なら皆知っている。

そこでは教団の内部と外部の間に、明確な一線が引かれる。そして内部の人間は、まるで外国人のように扱われる。要するにテレビメディアは、外国人恐怖症（xenophobia）風の言説をわが国国内で撒き散らした。『A』はテレビメディアを副次的な取材対象とすることで、そういうテレビメディアの安直な思考図式を（自己反省的に）明らかにしている。と同時に『A』の一次的な取材対象が、オウム信者であることに変わりはない。『A』のなかでオウム真理教の信者たちは、（教団の破産手続きのなかで）教団施設からの退去を次々と求められている。かといって教団施設の移転先が、そう簡単に見つかるはずもない。ということは信者たちが、ディアスポラ的な状況におかれたのと同じである。どうやらオウム真理教の信者たちは、一連のオウム真理教事件を一つの試練としてとらえているらしい。『A』は一人の出家信者に密着することで、そういう宗教の論理そのものに肉薄している。

一九九五年三月二十日にわが国で起こった地下鉄サリン事件と二〇〇一年九月十一日にアメリカで起こった同時多発テロは、数々の共通項をもっている。①一定の宗教的信条をもつ集団が、②政治的アピールを目的として、③最適な科学的・技術的手段を用いて、④同時多発的に、⑤無差別的な大量殺人を試みた、ということがそれである。もっとも後者のほうが、前者よりもグローバルな意味合いをもった(逆に言えば前者は、わが国国内のナショナルな事件にとどまった)ことは事実である。後者を引き起こした集団=アルカイダは、アメリカを政治的な標的に選んだ。その理由は一応、こう説明される。グローバルな近代化のなかでイスラムの大義は、日に日に失われつつある。グローバルな近代化の中枢に位置するのは、アメリカである。わたしたちはイスラムの大義を守るために、アメリカと戦わなければならない、と。一般にこれが、「イスラム原理主義」と呼ばれる宗教的信条である。

外在的にはそれは、「狂信的」と評価するほかない信条である。しかしともかくも、その信条を内在的に理解しようとすることが重要である。というのもそれが、問題の核心に接近しうる唯一の手立てであるからである。——興味深いことにアルカイダのメンバーは、おしなべて故国喪失者であったという指摘がある(L・ライト『倒壊する巨塔』)。そういうディアスポラ的な状況にあったことで、かれらの宗教的信条はますます尖鋭化し、空想化したと推察される。そこではまさに、トマスの公理（「人々がある状況を現実と規定すれば、結果としてそれが現実となりがちである」）が成立するのである。同時多発テロの実行犯たちは教唆者＝アルカイダの幹部から、「殉教者として天国に行くこと」を約束されていた。実行犯たちは攻撃目標のビルに突っ込む直前、「神《アツラー》のほかに神はなし」と叫んだらしい。そこには殉教者としての、かれらのプライドの自己言及性が論理的に表現されている。

フェリーニの『道』（一九五四年）は大道芸人の男（ザンパノ）が、貧家から女（ジェルソミーナ）を買い取る場面から始まる。元々男は、怪力自慢を得意な演目《レパートリー》としている。男は女を、手伝いの道化役に仕立てる。かくして二人は、オート三輪に乗って村から村へと、町から町へと巡っていく。作品のなかで二人は、まるで対照的な＝男は粗暴で粗野な、女は純真で純朴な人物として設定されている。結果として男は、自身の悪行によって女との死別を経験することになる。映画は男が、夜の浜辺で慟哭する場面で終わっている。あたかもそれは、罪深い人間が神の赦しを願っているかのようである。もちろん神の赦しがあるのか否かについて、映画は何も語らない。

――ウェーバーは初期のプロテスタントたちにおいて、職業生活と信仰生活が等価であったことを指摘した。一般に職業は、わたしたちのプライドの大いなる源泉である。わたしたちは次に、職業について考えてみることにしよう。

第9章

職業――初心を忘るべからず

テレビやラジオで国会中継を視聴していると、時々ウェーバーの名前を耳にする。通常それは、『職業としての政治』からの引用である。政治家諸氏はおっしゃる。ウェーバーも言うように政治は、畢竟《ひっきょう》結果責任である。必ずしも（道徳的に）正しい行為が、（政治的に）よい結果を生むとは限らない。政治家は時として、悪魔とも手を結ばなければならない、と。もちろん国会論戦は、学問論議とは別物である。したがって国会発言について、学問的な厳密性を求める必要はさらさらない。しかし念のために言えば、さきの引用は（ウェーバーの発言の引用としては）けっして正確ではない。『職業としての政治』のなかでウェーバーは、心情倫理と責任倫理を区別する。かれによれば心情倫理とは、行為の過程に価値をおく態度をさす。これに対して責任倫理とは、行為の結果に価値をおく態度をさす。この二つの倫理が政治家の内心で葛藤を繰り広げる、というのがそこでのかれの図式である。

したがってウェーバーは、責任倫理を心情倫理の上においているわけではない。政治家は時として、悪魔とも手を結ばなければならないかもしれない。しかしそうするかどうかは、政治家自身が決めることであるというのがかれの主張である。そういう煮え切らない態度をウェーバーがとる理由は、それなりに明確である。それはかれが、学者の領分を守っているからにほかならない。言い換えればかれは、道徳的ないしは政治的な価値判断を回避しているのである。それは政治家諸氏には、なかなか理解しにくい立場であろうと思う。元々『職業としての政治』は、一九一九年に学生向けに行われた講演の記録である。その講演が行われたのは、一九一八年のドイツ革命ならびに第一次世界大戦休戦の直後である。ちょうどそれは、政治的な激変期に行われた講演ということになる。それとほぼ同一の経過をたどって生まれた作品が、『職業としての政治』の姉妹編＝『職業としての学問』である。

『職業としての政治』が心情倫理と責任倫理の区別を、その理論的な枠組みとすることはさきに書いた。これに対して『職業としての学問』は、事実判断と価値判断の区別を理論的な枠組みとしている。ウェーバーはそこで、こう説く。学者の領分はとどのつまり、事実判断であって価値判断ではない、と。それはかれが、『職業としての政治』でとっている立場と同じである。さて『職業としての学問』は、前段と後段に分かれている。「どう学問をするか」という（中心的な）論議は、その後段で展開されている。これに対して前段では、「どう教授になるか」という（付随的な）論議が展開されている。要するに前段では、就職問題に紙幅《スペース》が割かれている。わたしが最初に『職業としての学問』を読んだのは、大学三年生のときである。一読してわたしは、前段の存在理由《レゾン・デートル》がいま一つ分からなかった。もっと率直に言えば後段が高尚で清純であるのに対して、前段は低俗で不純であると感じた。

いまとなってはわたしも、ずいぶん青かったと言うほかはない。というのもいまでは、前段が後段と同程度に（あるいはそれ以上に）重要な部分であることがよく分かるからである。たしかに世間には、民間学者もいる。しかし学者が安定的に学問を続けるには、どこかの大学に椅子《ポスト》を得ることが必要不可欠である。それが百年前もいまも変わらない、学問の必要条件である。そういうことをわたしが痛感するのは、人並みに就職で苦労したからである。ウェーバーは大学の教員が、自分の就職の事情を話したがらない傾向があると言っている。たいていそれが不愉快な思い出であるから、というのである。わたしもここで、自分の苦労話を書き連ねる気にはまったくならない。あまりそれが、愉快な思い出でないというためばかりではない。いまとなってはわたしの苦労など、苦労のうちにも入らないという気がするからである。その背景には若手研究者諸氏が、今日直面している就職問題がある。

ご多分に洩《も》れず大学の教員採用も、総じて買い手市場である。つまりは数少ない椅子に、多くの志願者が群がる光景がある。のみならず志願者のなかには、経歴も業績も申し分ない候補者がけっして少なくない（候補者のほうが経歴や業績で、審査者を凌駕する場合すらある）。――結果として大学の周辺には、多数の教員予備軍が滞留することになる。そこで起こっていることが、社会全体の縮図にすぎないことは改めて断るまでもない。たとえば会社の周辺には、多数の産業予備軍が滞留している。いったいかれらは、どうプライドをもって職業生活を送っていくことができるのか。それは社会が、慢性的にかかえる問題になってきている。ウェーバーは結論的に、こう言う。大学に職を求める者の生活は、「運《ハザード》」に支配される。要するに「どう教授になるか」について、格別これという方策などない、と。それでもプライドをもってやっていくことが、わたしたちに残された唯一の方策らしい。

椅子取り競争

メディアを通じて定期的に伝えられる情報に、失業率の動向がある。面白いことに失業率の報道には、事実判断と価値判断の区別がない。すなわち送り手は、失業率の低下を快活に、その上昇を陰鬱に伝える習性をもつ。そういう価値判断は受け手にも、そのまま共有されている。なぜわたしたちは、失業率の動向を気にかけるのか。それは失業率が、景気動向の最も分かりやすい指標の一つであるからである。と同時にそれが、わたしたちの生と直接的に結びついていることが注目されてよい。マルクスが資本主義体制下の労働者を、「二重の意味で自由な存在」と規定したことはさきに触れた（第3章）。端的に言えばそれは、「働かなければ食べていけない」ということである。わたしたちは今日、たえず就業者／失業者に区分される。この区分は暫定的なもので、つねに反転する（就業者は失業者になり、失業者は就業者になる）可能性をもっている。それがまさに、わたしたちの生の状況なのである。

ここで陰鬱な話になることを承知の上で、最近の失業率の動向を概観してみよう。一般に失業率の調査では、完全失業率という指標がとられる。完全失業率とは労働者のなかでの失業者の割合をさし、完全失業者数÷労働力人口で求められる。労働力人口とは労働市場に参加している労働者数をさし、就業者数＋完全失業者数にあたる。それでは完全失業者とは、失業者のなかでいかなる存在か。簡単に言えばそれは、求職活動をしている（その意味で就労を希望している）失業者をさす。逆に言えば同じ失業者でも、求職活動をしていない者は労働力人口に含まれない。総務省『労働力調査』では昭和二十五年（一九五〇）から、（従来の失業者の定義を改めて）完全失業率を調査している。それを長期的な傾向で見ると、昭和二十年代から平成六年（一九九四）まで完全失業率（年平均・全国）が三パーセント台に乗ることはなかった。その後は三パーセント台―五パーセント台を行ったり来たりして、今日にいたっている。

一国の完全雇用失業率を何パーセントと推定するかは、国情によっても異なる。わが国ではそれを、三パーセント程度ととらえる見解が有力である。したがって平成六年ごろまで、わが国は完全雇用状態（非自発的失業のない状態）にあったと見ることができる。その後二十年近くの間、完全失業率は三パーセントを超えている。国際的にはそれは、けっして高水準というわけではない。たとえば二〇一一年の先進各国の完全失業率を比較すると、フランス＝九・二パーセント、アメリカ＝八・九パーセント、イタリア＝八・四パーセント、イギリス＝八・一パーセント、カナダ＝七・四パーセント、ドイツ＝五・九パーセント、日本＝四・六パーセント、韓国＝三・四パーセントなどとなっている（総務省統計局公表の資料による）。それでも（いわゆるバブル景気後の）ここ二十年近くの間、わが国国民が経済的なプライド喪失の状態に陥っているのはなぜか（たとえば「失われた二十年」の言説は、その最たるものである）。それは過去の自己と対比して、現在の自己を評価するからである。

若者の失業問題は今日、だれもが話題にしている。『労働力調査』では昭和四十三年（一九六八）以降、十歳階級別の完全失業率を調査している。それによれば一五歳―二四歳の完全失業率は、昭和五十年（一九七五）に三パーセントを超えた。その後も上昇基調は続き、平成十五年（二〇〇三）には一〇・一パーセントに達した。そこでいったん頭を打ち、その後は七パーセント台―九パーセント台で推移しているのが現状である。この年齢階級の失業率が全体の失業率を押し上げていることは、紛れもない事実である。その意味ではたしかに、若者に固有の失業問題は存在している。しかしたとえば、近年の欧州各国の状況を知ることは示唆に富む。欧州統計局によれば二〇一一年の若者（一五歳―二四歳）の失業率は、スペイン＝四六・四パーセント、ギリシア＝四四・四パーセント、イタリア＝二九・一パーセント、フランス＝二二・九パーセント、スウェーデン＝二二・九パーセント、イギリス＝二一・一パーセント、ドイツ＝八・六パーセント、オランダ＝七・六パーセントなどとなっている。

それらの国々でも若者の失業率が全体の失業率を押し上げているのは、わが国の場合と同じである。しかし欧州全体として、若者の失業問題がわが国よりもずっと深刻であることは明らかである。三十年ほど前わたしは、東京の諸大学の学生諸氏とともに暮らしていた（第4章参照）。傍《はた》目《め》にもかれらが、そう必死に「就活」に努めているとは映らなかった。しかし結果的には、皆がそれなりの勤め口にありついていた。それは当時が、そういう時代であったからである。いまはもう、そういう時代ではまったくない。――いまは学生たちによる、大がかりな椅子取り競争が演じられているのである。もっともわが国では、いまのところ椅子はある程度用意されている。その意味では競争の過酷さを理由に、競争そのものを否定するのは間が抜けている。よくも悪くも職業は、他者との競争（ひいては昨日の自分との競争）の上に成り立っている。その競争を支えているのは、職業人としての各自のプライドである。

能役者人生

世阿弥の能楽論は元々、かれの一座の後継者のために書き置かれたものである。そして長い年月を超えて、その一座の周辺に伝わってきたものである。それが一般に知られるようになったのは、吉田東伍の『世阿弥十六部集』（一九〇九年）によってである。それ以来今日まで、その類書が刊行され続けている。実際にそれを繙《ひもと》く人々が、どれほどいるのかは分からない。しかし「秘すれば花なり、秘せずは花なるべからず」とか「初心を忘るべからず」といった言葉は、広く人口に膾炙《かいしや》している。その出所が世阿弥の能楽論（前者は『風姿花伝』、後者は『花鏡《かきよう》』）であることは、いま改めて断るまでもない。ここで世阿弥の能楽論を取り上げるのは、かれの能楽論自体に関心があるからではない。かれの能楽論は能役者（一座の棟梁）としての心得を、理論的に述べたものである。と同時にそれは、きわめて実践的な内容をもっている。かれ自身が一人の能役者であった以上、それは当然である。

そして能役者としての、かれの生涯は波瀾に富んだものであった。そういう世阿弥における理論と実践の関係に、ここでの関心はあるのである。世阿弥の生涯はしばしば、①前期、②中期、③後期の三つの段階に区分される。①世阿弥の父観阿弥は元々、大和中楽《さるがく》一座の棟梁の家の三男として生まれた。長じてのちかれは、自ら一座（観世座）を構える。かれの一座は大和申楽諸座のなかで、確固たる地歩を占めるようになる。やがて一座は、京都でも興行を打つようになる。それが三代将軍足利義満の目に留まったことで、一座は一気に全国区的な存在《メジャー》となる。とりわけ観阿弥の長子＝若き日の世阿弥（幼名藤若）は、義満の寵愛を得るようになる。といっても観阿弥の一座が、他の申楽あるいは田楽一座と対抗関係にあった（たとえば若き日の世阿弥が、同年代の能役者たちと対抗関係にあった）ことに変わりはない。それは職業が、他者との競合関係の上に成り立つことを端的に物語っている。

観阿弥は世阿弥が二十二歳のときに、地方巡業の最中に亡くなる。それによって世阿弥は、一座の棟梁になる。『風姿花伝』はかれが、三十歳代後半から四十歳代前半にかけて断続的に書きためた伝書（をもとに後年まとめられたもの）と推定されている。その全編を貫く鍵概念《キーワード》は、「花」である。世阿弥はこう言う。「花と、面白きと、珍しきと、これ三つは同じ心なり」と。「花」とはそこで、役者の（舞台上の）魅力のことである。より直截的にそれを、役者の商品価値と言ってもよい。興行の主役でもある一座の棟梁が、どう「花」のある役者であり続けるかということが世阿弥の中心的な主題であった。そのためにかれは、稽古や舞台のいかにあるべきかについて縷々《るる》語る。たとえば世阿弥は、こう言う。演技は「目利きの眼」に合うだけでなく、「目利かずの眼」にも合うものでなくてはならない、と。申楽一座の存続は一般大衆の愛顧に多くを負っているというのが、その理由である。

したがってかれは、きわめて現実的な教訓を示しているわけである。②義満が没し、四代将軍義持が実権を握ると、世阿弥の立場は微妙なものになる。義持が世阿弥の能ではなく、田楽新座の増阿弥の能を好んだからである。どうやら義持は、高い審美眼を有していたらしい。そしてまた増阿弥の能も、高い芸術性をもっていたらしい。そういう好敵手《ライヴァル》の登場によって世阿弥は、自身の能の再構築を迫られることになる。具体的にはそれは、芸術性にいっそう磨きをかけることをさす。世阿弥は五十歳代の後半から六十歳代の前半にかけて、多くの能楽書を著す。それらを貫く鍵概念は、「心《しん》」である。世阿弥は最上の能をさして、「心にてする能」とか「心より出で来る能」と呼ぶ（『花鏡』）。「心」はそこで、美的精神の別名である。すなわち最上の能は、最上の美的精神をもつ役者と観客の間に生まれる。そのために役者は、不断の修練を積まなければならないというのがかれの主張である。

そこには能役者としての、かれのプライドが率直に表明されている。③世阿弥は六十歳で、長男元雅に棟梁の地位を譲る。その後義持が没し、六代将軍義教の治世になると（義持存命中の五代将軍の治世は短く、実質的内容を欠く）、世阿弥嫡流の元雅の一座は苦境に陥る。義教は元雅の一座ではなく、世阿弥の甥元重（音阿弥）の一座を重用したからである。元雅は失意のうちに、道半ばで早世する。それを受けて世阿弥は、「当流の道絶えて、一座すでに破滅しぬ」と書いた

（『却来花』）。のみならず世阿弥は、七十二歳で佐渡に配流《はいる》になる。それによってかれのプライドが、大いに傷つけられたであろうことは想像に難くない。——しかしそれを、かれの能役者人生の最後の冒険ととらえることもあながち奇矯ではない。「老後の初心を忘るべからず」と述べたのは、すでに老境に入っていた世阿弥本人である。それをかれは、「命には終りあり、能には果てあるべからず」と敷衍《パラフレーズ》している。

職人技

人間にとって職業は、経済的な生計の手段である。それは職業が、パンを得るための活動であることをさす。たしかにそれは、職業の一面を正確に言い当てている。わたしたちは報酬（経済的対価）のない活動を、けっして「職業」とは呼ばない（そういう活動は「職業」ではなく、「ヴォランティア」と呼ぶのがふさわしい）。しかしまた報酬のあることは、「職業」の必要条件ではあっても十分条件ではない。一般にパンを得るための活動を、「労働」と呼ぶ。旧約聖書ではそれは、神が（知恵の木の実を食べた）人間に与えた罰ということになっている。人間は実際、働かなければ食べてはいけない。その意味で「労働」は、人間の生存のための条件である。しかし「職業」は、「労働」とは何か別のものである。というのも「職業」には、「職業」それ自体を目的とする一面があるからである。言い換えれば職業は、「パンのための職業」ではなく「職業のための職業」としての一面をもつ。

ウェーバーは人間の行為を、四つに区分した。すなわち伝統的行為、感情的行為、目的合理的行為、価値合理的行為、の四つがそれである（『社会学の根本概念』）。このうち目的合理的行為と価値合理的行為は、次のように区分される。目的合理的行為は他の目的のための手段（としてある行為）であるのに対して、価値合理的行為はそれ自体が目的（としてある行為）である、と。ウェーバー風に言えばこれらは、理論的な極限概念である。たとえば受験勉強は、目的合理的行為の典型例のように映る。しかし受験勉強のなかにも、価値合理的行為の一面が（たとえばそれが、知的快楽になる場合も）ないわけではない。それと逆に、美術鑑賞は価値合理的行為の典型例のように映る。しかし美術鑑賞のなかにも、目的合理的行為の一面が（たとえばそれが、気分転換を目的とする場合も）ないわけではない。実際にはいかなる行為にも、二つの合理的行為の両面があるというのが適切であろう。

職業にもまさに、その二つの側面があるわけである。――職業がそれ自体を目的とする＝自己目的化する傾向を映し出すものとして、職人技（craftsmanship）がある。一般に職人技（あるいは職人芸）とは、①すぐれた職人が、②すぐれた技能で、③すぐれた作品を作り上げることをいう。そこでは職人と技能と作品が、三者一体であることが注目されてよい。であればこそ職人は、①自分自身に、②自分の技能に、③自分の作品にプライドをもつのである。西岡常一《つねかず》は宮大工の棟梁として、法隆寺伽藍《がらん》の修理や薬師寺伽藍の復興に携わった人物である。西岡が語り下した著作（『木に学べ』）を読むと、職人技の何であるかを改めて思い知らされる。かれは自分の作った堂塔が、「千年もつ」ことを願っている。それがまさに、かれの仕事の目的であり、同時に価値ということになる。わたしたちはそこに、「パンのための職業」ではなく「職業のための職業」の典型例を見いだすことができる。

ヴェブレンは『有閑階級の理論』のなかで、職人技についても論じている（ただしヴェブレンは、それにworkmanshipという言葉をあてている）。ヴェブレンは古来、男の職業と女の職業の間には明確な区別があったと言う。すなわち女が産業的（industrial）な職業に従事してきたのに対して、男はそうでない職業に従事してきた、と。英語で「産業」を意味する言葉（industry）は、「勤労」に由来する。女が日常的な（生活の糧を得るための）仕事に従事してきたのに対して、男は特権的な仕事（戦闘、政治、宗教、学術、狩猟など）に従事してきた。その意味で女の仕事が「肉体的な労苦（drudgery）」にすぎなかったのに対して、男の仕事は「英雄的な偉業（exploit）」となりうるものであったというのがヴェブレンの主張である。この主張を今日のフェミニストは、どう評価するのであろうか。（価値判断ではなく）事実判断としてはそれに、一定の妥当性を認めるのであろうか。

しかしここでは、その論議に立ち入ることは差し控えたい。男たちは「威信」「価値」「名誉」を賭けて、各自の仕事を競い合う。その根本にあるのは職人技の本能である、とヴェブレンは言う。端的に言えばそれは、よい仕事をしようとする習性で（万人が本能的にもつとヴェブレンが説くもので）ある。こういう習性が人々に共有されることで、職人技はきちんと評価された。その意味では職人技の基盤には、コミュニティ的な結合があったのである。しかし「羊が人間を食い殺す」過程のなかで、職人技の基盤は次第に切り崩されていく（第3章参照）。そして職人自身も、工場労働者に転身していくことになる。ヴェブレンは工場労働者の仕事を、かつての女の仕事にあたるものととらえている。要するにそれは、プライドを剝奪された仕事である、と。はたしてそう論断してよいものかどうか、わたしには分からない。しかし今日、男も女も自分の仕事にプライドをもちにくくなっていることは事実である。

自己のデザイナー

ピコ・デッラ・ミランドラがイタリア・ルネッサンスを体現する思想家であることは、つとに知られている。ピコは一四六三年、北イタリアの小邑《しょうゆう》ミランドラに領主（伯爵）の息子として生まれた。長じてのちかれは、学問の道に進む。最初かれは、ボローニャで法律を学ぶ。しかし間もなく、かれの関心は哲学に向かう。そしてイタリア各地を遍歴したのち、パリにも留学する。そこで学会（という学問的討論の場）に接したことが、以後のかれの運命を変えることになった。帰国後ピコは、ローマでの学会を企画する。その開会の辞としてかれが準備したのが、『人間の尊厳について』である。しかし学会は開催中止に追い込まれ、ピコ自身も（逃走の末に）逮捕される。教皇がピコの思想に、異端宣告を下したからである。ピコの受けた異端宣告は、次代の教皇によって取り消される。しかしピコは、三十一歳で早世することになる（一説にはかれは、秘書によって毒殺されたとも言われる）。

『人間の尊厳について』のなかでピコは、神のアダムへの言葉を書き記している。ちなみにそれは、聖書正典《カノン》のどこにも書き記されていないものである。ともあれ神は、アダムにこう言う。「他の生きものは、わたしがあらかじめ定めた本性の枠内にとどまっている。お前は、自らの意志に従って自分の本性を決めるがよい。……自由かつ最高の造形者のように、お前は自分の姿かたちを造り出すことができる」と。ここでピコが語っているのは、人間＝自己をデザインできる存在ということである。そのことは必ずしも、聖書正典には明記されていない。しかしそれは、（知恵の木の実を食べて以降の）人間の基礎的条件と見ることもできる。そういう真実をピコが明言できたことには、当時の社会的状況も与《あずか》って力があったに違いない。すなわち十五世紀の中葉、イタリア商人たちは全世界を舞台に商戦を繰り広げていた。かれらはまさに、「自分の姿かたちを造り出」しつつあったわけである。

近代資本主義精神の起源をめぐってウェーバーとブレンターノの間で論争があったことは、長い社会学の歴史の一齣《こま》である。ブレンターノが近代資本主義精神を営利精神としてとらえ、その起源をルネッサンスに求めたのに対して、ウェーバーは近代資本主義精神を職業精神としてとらえ、その起源を宗教改革に求めた。論争は概ね、ウェーバーの優勢のうちに終わった。いささか乱暴を承知で言えばそれが、この論争の一般的な総括ということになろう。しかし社会学的に、それを改めてこう総括することもできる。一見真っ向から対立する二つの立場は、実は結構似通っている。とりわけ人間＝自己をデザインできる存在という人間観において、それはそうである、と。ブレンターノの人間観はピコの人間観をなぞったもので、ここで取り上げるまでもない。ここで取り上げるべきは、ウェーバーの『プロテスタンティズムの倫理と資本主義の精神』（以下、「倫理」論文と略記）のほうである。

と言いながらバカ正直に「倫理」論文を取り上げる気にならないのは、その論理があまりにも複雑であるからである。とりわけプロテスタントでもない、異国の社会学者のわたしにとっては。しかしそれでは、社会学者失格の烙印を押されかねない。ということでここでは、ウェーバーの議論の核心だけを突きたいと思う。ウェーバーはこう説く。プロテスタントは自分が、神によって救済される（予定である）かどうか分からない状況におかれた。その際プロテスタントが（神による救済の予定を確信するために）選んだ態度が、自分の職業に専心することであった、と。ウェーバーはそこで、ドイツ語で「職業（Beruf）」＝「召命《しょうめい》」であることを力説する。しかし神と人間の間に絶対的断絶のあることが、そこでの問題の核心である。それゆえに人間は、自らの意志で禁欲的な職業生活に専心するのである。そこには図らずも、人間＝自己をデザインできる存在という人間観が明示されている。

プロテスタントは生活全般の合理的な組織化を求められた、とウェーバーは言う。しかし特段、プロテスタントだけがそれを求められているわけではない。ドラッカーは今日、「経営の神様」として大いに人気がある。かれの思想はまさに、生活全般の合理的な組織化を追求するものである。そのドラッカーが最初、キェルケゴールの研究から出発したことはそう知られていない。「もう一人のキェルケゴール」という論文でドラッカーは、恐怖、不安、孤独、悲嘆、苦悩……のなかにある存在として人間をとらえる。そして社会には、こういう個人の問題（とりわけ死の問題）を解決する力はないと説く。わたしたちはそこに、ドラッカーの思想の一つの原点を見いだすこともできる。つまりは絶望的な状況のなかでも、人間は（死を迎える日まで）自己のマネジメントに努めなければならないということである。──そこには自己のデザイナーとしての、人間のプライドの究極的なかたちがある。

創造の力

黒澤明が監督し、志村喬と三船敏郎が主演した『酔いどれ天使』（一九四八年）は、第二次世界大戦直後の（東京の下町の焼け跡に立った、と思しき）闇市の界隈を舞台としている。観客にとって印象的なのは、その闇市の傍《そば》にある沼である。その一帯のゴミ捨て場でもある沼は、どす黒く濁り、悪臭を放っている（そのことはメタンガスの発生によって、映像として鮮明に表現されている）。それはまさに、その一帯が社会の掃き溜めであることを暗示している。志村の扮する町医者＝真田は、その闇市の界隈で開業している。それに対して三船は、その闇市の顔役《ボス》の子分＝やくざ者の松永に扮している。物語は松永が、真田の医院を訪ねてくることから始まる。やくざ者同士の抗争で負傷した松永が、傷の手当てを受けにきたのである。その際真田は、（負傷とは別に）松永が結核に冒されていることを見て取る。そこから病気を媒介とする、中年の医者と若年のやくざ者の奇妙な交流が始まる。

といっても松永は、医者の言うことを素直に聞くようなタマではない。映画のなかで松永の素性は、必ずしも明らかにされない。しかしかれが、戦中派世代に属することは明らかである。社会学では「社会的秩序の動揺によって欲望が無規制状態におかれること」を、アノミーと呼ぶ。『酔いどれ天使』の松永が体現しているのは、そういうアノミーにほかならない。そして真田は、それに戦いを挑んでいる。しかし真田の戦いは、けっしてうまく運ばない。病気の養生を怠った松永は、喀血するまでになる。そしてやくざ組織からも逐《お》われて、無残な死を遂げることになる。それについて真田に、特段の責任があるというわけではない。しかし医師としてのかれが、十分な器量を欠いていることも事実である。それが証拠に真田は、松永を十分に制御《コントロール》することができない。フロイト的に言えばそこには、生の本能と死の本能の格闘がある。そして生の本能は、死の本能にまったく太刀打ちできない。

『酔いどれ天使』以降志村と三船は、黒澤作品にたびたび主演することになる。『生きる』（一九五二年）では志村は、市役所の市民課長＝渡辺に扮している。渡辺の職場では文字通り、お役所仕事がまかり通っている。そのなかで渡辺も、生きながらにして死んでいる。そういう渡辺が（余命半年との）胃癌の告知を受けたことで、生の本能に目覚めるというのが映画の設定である。最後にかれが取り組んだ仕事が、下町の暗渠の埋め立て（公園の造成）であったというのは象徴的である。『七人の侍』（一九五四年）では志村と三船は、侍に扮している。時代は戦国時代で、村人は野武士の略奪に困り抜いている。そこで七人の侍が、用心棒として村人に雇われるという設定である。守備隊（侍＋村人）と攻撃隊（野武士）の激闘はまさに、生の本能と死の本能の対決そのものである。結果的に守備隊は、攻撃隊の壊滅に成功する。しかしそれは、七人中四人の侍の犠牲をともなうものであった。

二つの作品では生の本能と死の本能が、まさにがっぷり四つに組んでいる。そしてそれが、主人公たちの職業を通じて表現されることが興味深い。そのことは『赤ひげ』（一九六五年）の場合も、まったく同じである。そこでは三船が、主人公の小石川養生所の所長＝赤ひげ（本名新出）に扮している。なぜ黒澤が、再び（『酔いどれ天使』に続いて）医療ドラマを手がけようとしたのかは定かでない。しかしそれを、こう類推することもできる。そもそも病院は、ドラマの舞台に選ばれやすい。したがって必然的に、医者はドラマの主人公になりやすい。それは病院が、「不特定多数の人々が集う空間」（わたしはそれを、「アジール」と呼んだことがある）であることに由来する、と。いずれにしても小石川養生所とは、ドラマにはお誂《あつら》え向きの舞台である。というのもそこには、江戸一円から患者たちが集まってきていたから。その養生所で貧民施療の最前線に立っていたのが、赤ひげである。

映画は赤ひげの下を、加山雄三の扮する若い医者＝保本が訪ねてくるところから始まる。保本は長崎留学帰りのエリートで、幕府の御典医になることを望んでいる。しかし意に反して、養生所の医者に廻されたという設定である。この保本が養生所で一人前の医者になっていくのが、映画の縦糸である。それに対して横糸にあたるのは、さまざまな患者たちの作り出すドラマである。赤ひげは百戦錬磨の医者として、保本を教え、導く。と同時に人格高潔な医者として、患者たちの病苦や貧困と正面から向き合う。要するにそこには、理想的な職業人の姿がある。あるいはまたそれを、こう言い換えてもよい。そこでは生の本能が、死の本能よりも優っている、と。――死の本能が破壊の力であるとすれば、生の本能は創造の力である。そして死の本能は負のプライドと、生の本能は正のプライドと、それぞれ対応している。職業が光り輝くのは、創造の力としてのプライドに支えられたときである。

世阿弥は能楽の作品構成上の三区分として、「序破急」ということを言っている。つまりは一日（の番組）、一曲、一舞《いちぶ》、一音、（舞袖《ぶしゅう》の）一指、（足踏《そくとう》の）一響、（観客の）一見……のすべてに、「序」（導入部）・「破」（展開部）・「急」（終結部）の区分があるというのである（『拾玉得花』）。ここでもまたわたしは、能楽論そのものを展開したいわけではない。そういう区分は能役者の一生にもあてはまるのではないか、と思うにすぎない。すべてに「序破急」があるという訓戒は、「初心を忘るべからず」という訓戒と呼応している。「初心を忘るる」＝「序」に立ち返ることがなくなるとき、能役者はおしまいということであろう。それは能役者に限らず、どんな職業についても言えることである。――人間が自分の帰属する国家（ないしは民族）にプライドをもつことは、人間の栄光と悲惨を二つながら生み出してきた。わたしたちは最後に、国家について考えてみることにしよう。

第10章

国家――国の威光を観察する

古寺巡礼

わたしが奈良にいたのは、昭和三十年代の初めから五十年代の初めにかけてである。昭和二十年（一九四五）の第二次世界大戦終結からほぼ一世代に収まる期間で、戦争の余韻はあちこちに残っていた。たとえば国鉄（現ＪＲ）と近鉄の天理駅から天理教教会本部への道筋には、傷痍《しょうい》軍人が多く見られた。何も傷痍軍人は、その道筋にだけ見られたわけではない。昭和五十年代の初めごろまでかれらは、都会の繁華街（とりわけ駅前や寺社の門前）に多く見られた。一言余計な説明を加えるならば、傷痍軍人とは「戦争で負傷した軍人」の一般的な呼称である。そのなかに傷痍軍人であることをアピールしつつ、繁華街で物乞いをする人々がいたのである。通常かれらは、白衣（傷病服）・略帽（戦闘帽）……といった身なりで地面にうずくまっていた。その姿は子どもの目には、すこぶる奇異に映った（と正直に告白する）。ともあれそれは、わたしの世代の共有する一つの戦争体験となっている。

わたしがこれから述べようと思うのは、それとは別個の戦争体験である。こういうものまで戦争体験の範疇に入るのか、と疑問をもたれる向きがあるかもしれない。しかし「他者の戦争体験の追体験」をも戦争体験の範疇に含めれば、これも一個の戦争体験である。さて中学・高校時代に、こういう話を耳にした。戦時中応召を間近に控えた学生が、奈良の古寺を経めぐる習慣があった、と。いまとなってはそれが、どれだけ一般的な習慣（あるいは流行）であったのかは何とも言えない。社会学では現地調査によって一次的なデータ（生のデータ）を収集することを、社会調査と呼ぶ。――これまで戦時学生の古寺巡礼について、何らかの社会調査が行われたとは寡聞にして聞かない。のみならずこれから、そういう調査を行おうとしてももう手遅れである。したがってそれは、一つの民間伝承《フォークロア》というほかないものである。しかし日本民俗学の祖＝柳田國男は、民間伝承そのものを研究対象にした。

わたしはここで、かれの顰《ひそ》みに倣いたいと思う。幸いなことに手元に、戦時学生の古寺巡礼をめぐる二次的なデータ（既存データ）がある。奈良国立博物館本館と登大路《のぼりおおじ》を隔てた向かいに、かつて日吉館《ひよしかん》があった。美術研究者や美術愛好者に愛された宿で、会津八一の常宿としても有名であった（なぜ会津の名前を出すかと言えば、日吉館の正面には会津揮毫の看板がかかっていたからである）。そこの「おばさん」（名物女将＝田村キヨノ）の古稀を記念する文集が、昭和五十五年（一九八〇）に日吉館愛好者によって出されている（なお日吉館の廃業は、平成七年である）。その文集はいまでは、奈良愛好者の現代史資料として貴重である。そのなかで青山茂が、戦時学生の古寺巡礼について触れている。そういう流行があったとした上で、青山はこう言う。「せめていまのうちに自らの国の確かな遺産をたしかめて置きたいというせっぱ詰った気持に、当時の若者たちは駆りたてられていた」と。

のみならず青山は、T大学の学生Kについての事例研究《ケース・スタディ》を提示している（Kは召集されたものの、無事終戦を迎えている）。どうやら戦時学生に、古寺巡礼の流行があったことは事実らしい。いや事実と確証できなくとも、そういう伝承について考察することは十分に意味がある。昔から奈良は、観光地として名が通っている。今日では「観光」は、「遊覧」と同義の言葉になっている。それとともに奈良は、年々観光客（とりわけ修学旅行生）を呼べなくなってきている。わたしはここで、そういう時代の趨勢に何か異議を申し立てるつもりはない。しかし「観光」が、「国の光を観る」（『易経』）に由来することは指摘しておきたい。つまりは国の威光（言い換えれば一国の社会システム全般）を観察することが、「観光」であるということである。そう言うと「観光」は、七面倒臭い仕事のように映るかもしれない。しかしいまでも、そういう一面を「観光」がもっていることは事実である。

たとえば国外旅行で名所旧跡を経めぐるのは、その「国の光を観る」ことにほかならない。国内旅行で全国各地の名所旧跡を経めぐるのも、それと同等の意味をもっている。戦時中応召を控えた学生が、奈良の古寺を巡歴したとすればなぜか。その理由は単純に、社会調査で明らかになるといった類のものではない。戦時中将兵たちの間では、『万葉集』がよく読まれたらしい。「海行かば」の歌詞「海行かば水漬《みづ》く屍《かばね》／山行かば草生《む》す屍／大君《おおきみ》の辺《へ》にこそ死なめ／顧《かへり》みはせじ」が（大伴氏に伝わる言立《ことだ》てとして大伴家持が引く）『万葉集』の句に由来することは、その一つの傍証である。わたしは戦時学生が、そういう思想に心酔していたとは思わない。しかしこうも思う。そういう思想の正当性を確認したいと思う学生たちが、「国の光」としての大和の国を訪れたとしても何ら不思議ではない、と。奈良の古寺巡礼がかれらに、将兵としてのプライドをもたらしたか否かはだれにも分からない。

祭りのコミュニティ

内閣府では昭和四十四年（一九六九）から、『社会意識に関する世論調査』を行っている。その調査で「国を愛する」気持ちの程度が問われるようになったのは、昭和五十二年（一九七七）からである。それ以降今日までの間、同一の調査が行われている。それによれば「国を愛する」気持ちの強い（非常に強い、どちらかと言えば強い）人の割合は、昭和五十二年には四六・三パーセントであった。その割合は（増減を繰り返しながらも）ゆるやかに増加し、平成二十四年（二〇一二）には五五・四パーセントとなっている。それに対して「国を愛する」気持ちの弱い（非常に弱い、どちらかと言えば弱い）人の割合は、昭和五十二年には一二・五パーセントであった。その割合は（同じく増減を繰り返しながらも）ゆるやかに減少し、平成二十四年には七・一パーセントとなっている（一貫して四割ほどの人々が、「どちらとも言えない」と回答している）。この調査結果そのものはとりたてて、どうこう論評すべきものではない。

すなわちそこから、日本人の愛国心が強いとも弱いとも一概には言えない。しかし自国へのイメージに関する国際比較調査では、はっきりとした結果が出ている。あるブランドコンサルティング会社（レピュテーション・インスティテュート）が二〇〇九年に、世界三十三カ国の人々を対象に「自分の国を誇りに思う」気持ちの有無を問うた。それによれば「自国を誇りに思う」人々の割合の高い国（上位五カ国）は、オーストラリア＝九一・九パーセント、カナダ＝九〇・〇パーセント、フィンランド＝八九・八パーセント、オーストリア＝八五・六パーセント、ノルウェー＝八四・五パーセントとなっている。それに対して「自国を誇りに思う」人々の割合の低い国（下位五カ国）は、日本＝五六・八パーセント、南アフリカ＝六四・二パーセント、ブラジル＝六五・〇パーセント、ポルトガル＝六六・九パーセント、韓国＝六六・九パーセントとなっている。これを見ると日本は、世界の国々のなかでも断トツでナショナル・プライド（国民的な自尊心）の低い国ということになる。

この調査結果を記事にしたイギリスの『エコノミスト』誌は、こう書いた。「オーストラリア人は、ほとんどスポーツを愛するごとくに、自国を愛している。……日本人は、三十三カ国の人々のなかで、最も（自国を愛することができず）陰気である」と（二〇〇九年九月二十九日付・ウェブ限定記事）。日本人のナショナル・プライドが低いという調査結果は、さまざまなかたちで出ている。一九八一年から原則五年ごとに、世界各国の人々の価値観を調査する国際プロジェクト＝『世界価値観調査』が行われている。その調査のなかに「もし戦争になったら自分の国のために戦うか」という質問があり、「はい」「いいえ」「わからない」で回答することになっている。この質問に「はい」と回答する人々の割合が少ない国（下位五カ国）は、日本＝一五・一パーセント、ドイツ＝二七・七パーセント、イラク＝三〇・三パーセント、オランダ＝三五・七パーセント、イタリア＝三六・五パーセントとなっている（二〇〇五年調査による）。

日本について同じ調査の結果を時系列的にたどっても、(一九八一年＝二三・〇パーセント、九〇年＝一〇・三パーセント、九五年＝一七・二パーセント、二〇〇〇年＝一五・六パーセントで) 最下位は変わらない。ちなみに二〇一〇年調査の結果も一五・二パーセントで、最下位は確実である。要するに日本人は、世界の人々のなかで傑出して「国を守る」気持ちが低いということになる。歴史的に見ればそれは、昭和二十年の敗戦から昭和二十二年 (一九四七) の日本国憲法施行を経て昭和二十六年 (一九五二) のサンフランシスコ講和条約・日米安全保障条約調印にいたる一連の過程と無縁ではないはずである。『世界価値観調査』で同じ第二次世界大戦の敗戦国＝ドイツとイタリアの人々の「国を守る」気持ちが、等しく低いことは興味深い。どうやら敗戦は、その国の人々のプライドをいたく傷つけるものらしい。とりわけ日本のように自分で「国を守る」態勢の不十分な国で、人々の間に「国を守る」気持ちが育まれるはずはない。

もっとも近年は、サッカーの国際試合などで無数の日の丸が打ち振られる光景を目にする。のみならずそれがテレビ中継されるたびに、高い視聴率を勝ち得る。しばしば語られるように、スポーツの国際試合は一個の代理戦争である。人々はまさに、自国を愛するように自国の代表チームや代表選手を応援するのである。ビデオリサーチ社の視聴率調査開始 (一九六二年) 以降の高世帯視聴率番組ベストテンを見ると、十番組中七番組をスポーツの国際試合が占めている。社会学的にはスポーツの国際試合は、一つの祭《カーニヴァル》りである。——そしてそれを媒介として、人々の間に「祭りのコミュニティ」が生まれることが注目されてよい。たとえば力道山やファイティング原田の激闘は、日本人のプライドの再構築に大いに貢献したに違いない。といっても日本人のプライドが、非常に屈折したものであることに変わりはない。それをどう真っ直ぐなものにするか、という道筋はいまもってまるで見えない。

大君の思想

保田與重郎《よじゅうろう》は奈良県桜井の素封《そほう》家の長男として生まれ(したがって保田は、『介護入門』のモブ・ノリオと同郷である)、旧制大阪高等学校を経て東京帝国大学文学部美学美術史学科に学んだ。大学在学中に同人誌『コギト』を、卒業後に同人誌『日本浪曼派』を相次いで創刊し、活躍した。ここで保田の作品を取り上げるのは、かれの思想体系の全体を問題にするためではない。第二次世界大戦前保田の作品は、知識階級の若者たちの間で広く読まれた。戦後保田は、公職追放になった(同時にかれは、関西に拠点を移した)。そして反戦的な風潮のなかで、「戦争のイデオローグ」に祭り上げられることになった。かれの作品が実際に、若者たちを戦争に駆り立てたかどうかは何とも言えない。よしそうであったにしても、そのこと自体が問題であるわけではない。もし若者たちが、保田の作品に惹かれたとすればなぜか。そういう思想の核心こそが問われてしかるべきである、とわたしは思う。

『ウェルテルは何故死んだか』(一九三九年)は表題通り、ゲーテの『若きウェルテルの悩み』(以下、『ウェルテル』と略記)の主人公ウェルテルの自死をめぐる作品である。ウェルテルは多感な青年で、(家族や友人と離れて)新しい土地に滞在している。かれはそこで、地元の法務官の娘ロッテと知り合い、かの女に激しい恋心をいだく。といってもロッテには、婚約者アルベルトがいる。ウェルテルとアルベルトはまるで、一枚の貨幣の表と裏のような存在である。すなわち二人は、ともに知識階級に属し、官僚として身を立てようとしている。しかしアルベルトが理性的な存在であるのに対して、ウェルテルは情動的な存在である。自殺をめぐって二人が論争する場面は、まことに興味深い。というのもそこには、理性と情動との激しい格闘があるから。結局ロッテとアルベルトが結婚し、ウェルテルが自殺することで三者の三角関係に終止符が打たれることは、よく知られる通りである。

保田與重郎は『ウェルテル』を、「近代生活の端初にして、しかも最後の問題が描かれている」作品ととらえる。保田はこう言う。ゲーテは『ウェルテル』を書くことで、「近代人の発想」を造型化した。のみならずウェルテルの自死を通じて、その「近代人の発想」の欠陥を明らかにした、と。ゲーテはウェルテルの自死を、ロッテやアルベルトに対する復讐として描いた。ウェルテルはそこで、すこぶる無残な姿をさらしている。しかしまた同時に、ロッテやアルベルトがそこで救われているわけでもない。つまりはそこでは、登場人物のだれ一人も救われていない。そのことを通じてゲーテは、「近代人の発想」の欠陥を明らかにしている。それはまさに、「人間を救い出せない」ことにある(保田はそれを、「第二の楽園喪失」にも喩えている)。一応これが、そこでの保田の主張である(が、いま一つ判然としないのは遺憾である)。ここではそれを、社会学的に再解釈してみようと思う。

近代人はコミュニティ的な秩序から解放されて、自分の生を自分でデザインできるようになった。そういう新世界の住人であるウェルテルが、失恋の末に自殺を選択するのは何を意味するのか。デュルケームが自殺を、利他的自殺、利己的自殺、アノミー的自殺の三つに類型化したことは有名である。このうちアノミー的自殺は、利己的自殺の下位範疇に属するとわたしは思っている（『社会学の歴史』）。いずれにしてもウェルテルの自殺が、利己的自殺もしくはアノミー的自殺にあたることは明らかである。利己的自殺はまさしく、コミュニティ的な結合の不在が原因で発生する自殺である。そしてまたアノミー的自殺は、（コミュニティ的な結合の不在を前提として）欲望の無規制状態が原因で発生する自殺である。ウェルテルは失恋によって、自分のプライドを傷つけられた末に自殺したように映る。その際かれのプライドは、文字通り利己的な＝自分自身のためのプライドにすぎなかった。

保田與重郎は『万葉集の精神』（一九四二年）で、大伴家持の思想を主題的に扱っている。――そこでは大伴家持の大君の思想が、『万葉集』の思想的な到達点としてとらえられている。元々大伴氏は、武臣として大君に仕えてきた家系である。その大伴氏に伝わる言立て「海行かば……」を家持自身が引いた長歌が、『万葉集』巻十八に載っている。その言立ては「大君のお傍《そば》で死のう」との、大伴氏一族の誓いにあたる。それに信時《のぶとき》潔が曲をつけた歌曲が、例の「海行かば」（一九三七年）である。それが第二次世界大戦を通じて、戦意高揚のために大きな役割を果たしたことはご承知の通りである。わたしはここで、その政治的・道徳的是非を論じるつもりはない。その言立てには利他的な＝他人のために自己を犠牲にするプライドの表明がある、と思うだけである。明らかにそれは、「近代人の発想」の範疇にはないものである。しかしそうであるがゆえに、保田はそれに注目したのである。

想像上の動物

ホッブズは『リヴァイアサン』のなかで、社会の存立をめぐる思考実験を行った（同書第十三章。以下同）。ホッブズはまず、人間の自然状態（natural condition）を想定する。かれはこう言う。人間の本性のなかには不和を生み出す、三つの主要な原因がある。すなわち競争、不信、名誉、の三つがそれである、と。ここで「名誉」と表した言葉は、原語では glory である。ホッブズは『リヴァイアサン』の別の章で、glory は pride や self-conceit と置き換え可能であると言っている（第八章）。したがって人間の不和の三つ目の原因は、プライドと言い換えてもよい。いずれにしても競争や不信や名誉が原因で、戦争状態＝「万人の万人に対する戦い」が生じる。それがまさに、ホッブズが理論的に想定する自然状態である。しかしかれの思考実験は、これでは終わらない。かれは続けてこう説く。こういう自然状態＝戦争状態は各人にとって、各人の生存自体が脅かされるという意味で不都合である、と。

そこからホッブズは、社会状態（civil state）の成立へと議論を展開する。すなわち自然状態＝

戦争状態を回避するために、人々は相互に契約を締結する。ここに人工状態＝平和状態としての、社会が成立するというのである。そこでは人々は、さまざまな社会的制約の下におかれる。たとえば社会状況下で、人々は自由にプライドを発揮してよいか。もちろんそれには一定の制約がある、とホッブズは述べている（第十五章）。さて「リヴァイアサン」は、旧約聖書『ヨブ記』に登場する巨大な海獣に由来する。ホッブズはそれを、社会状態としての国家の比喩に用いている。どうやらリヴァイアサンは、プライドを超越した存在らしい。神はリヴァイアサンについて、ヨブにこう言うから。「この地上で、かれに並び立つ者はない。……かれは、プライドをもつ者たちの王である」と。ひとたび成立した国家は、人々が簡単に操作できない存在となるというのがそこでのホッブズの含意であろう。

ホッブズの『リヴァイアサン』について教科書的な論議を展開したのは、それが一つの国家観を代表しているからである。すなわち国家は、人工的な構築物であるというのがそれである。なるほど歴史を振り返れば、国家は生成しては消滅している。それは国家が、人工的な構築物であるからである。もっともそれは、あくまでも一つの国家観にすぎない。英語では「国家」をめぐる用語として、stateとnationを区別する。ここではstateの訳語として「国家」を、nationの訳語として「民族」を、それぞれあてておく。すると「国家」が人工的な構築物であるとしても、「民族」がそうであるとは言いにくい。というのも一定の（言語・宗教・慣習などの）文化的なアイデンティティの下に、人々が結集したものが「民族」であるから。そもそも「民族」は、所在がはっきりしない（国境を越えて存在しうる）。そしてまたそれは、悠久の過去から永遠の未来へと永続的に存在するものである。

「国家」と「民族」の乖離は歴史上、さまざまな問題を生んできた（し、今後もそうであり続けるであろう）。たとえばパレスティナ・イスラエル問題は、そのことを端的に示している。しかしまた同時に、「国家」と「民族」は複雑にからみ合っている。もっと踏み込んで言えば、「国家」は「民族」なしには存立しえないし、「民族」もまた「国家」なしには存続しがたい。そういう「国家」と「民族」の相互依存関係に着目した作品が、アメリカの政治学者B・アンダーソンの『想像のコミュニティ』である。アンダーソンはそこで、十八世紀以降の近代国民国家を一つの文化システムとしてとらえようとしている。文字通り「国民」は、「想像のコミュニティ」であるというわけである。そういう「国民」のイメージ化に大きな役割を果たしたものとして、アンダーソンは新聞・出版などのメディアをあげる。かれがそこで、そういう旧《オールド》メディアだけを取り上げている理由は実に簡明である。

それはかれが、たんにナショナリズムの興隆期＝映画やラジオやテレビの登場以前の時代を扱っているからにすぎない。その後映画やラジオやテレビ（いまとなってはこれらも、すでに旧メディアに属している）も、「国民」のイメージ化に大きな役割を果たしたことは言うまでもない。アンダーソンは無名戦士の碑や墓ほど、人目を引くナショナリズムの表象はないと説いている。ナショナリズムに関する凡百の社会学書のなかで、清水幾太郎の『愛国心』（一九五〇年）はいまでも光彩を放っている。終戦直後に書かれたという事情が、そこでの記述に独特のリアリティを与えているからである。たとえば清水は、(愛国心と戦争の関係に触れつつ) こう説く。「国家は戦争に際して兵士からその生命を要求する」と。――そういう国家が想像上の動物も同然である、ということは一つの逆説である。しかし国のために命を捧げることは、どこの国でも最高のプライドとして位置づけられている。

葬送の儀礼

一九三九年ナチス・ドイツとソヴィエト連邦は、独ソ不可侵条約の秘密議定書に基づいてポーランドに侵攻し、それを分割した。ソ連の捕虜になったポーランドの将校は、ソ連各地の収容所に抑留された。そして一九四〇年、ソ連共産党政治局の決定に基づいて将校一万数千人が虐殺された(一説にはそれは、ポーランドの指導階級の抹殺を企図したものと言われる)。かれらの遺体が埋められた三カ所のうちの一つが、この事件の代名詞ともなっているカティン(ロシア西部)である。この事件 (以下、カティン事件と表記) の真相をソ連が認めたのは、ソ連崩壊直前の一九九〇年である。一九四一年ドイツは、独ソ不可侵条約を破棄してソ連に侵攻した。そして一九四三年、カティンで数千人の遺体を発見した。しかし戦況がソ連優勢 (ドイツ劣勢) に傾くなかで、ソ連は「事件の責任はドイツ側にある」という虚偽宣伝《プロパガンダ》を始めた。そういう隠蔽が冷戦終結の時期まで、約半世紀続いたわけである。

A・ワイダ監督の『カティンの森』（二〇〇七年）は表題通り、このカティン事件に取材した作品である。映画は一九三九年から四五年まで（ポーランドがドイツとソ連に分割されてから最終的にソ連支配下におかれるまで）の、数年間を扱っている。そこに描かれるのは、カティン事件の犠牲者たち＝将校たちとかれらの家族の群像である。そのなかで中心的な位置を占めるのは、大尉のアンジェイ、かれの妻アンナ、娘ヴェロニカ、母（教授夫人）の家族である。アンジェイはソ連抑留中に、手帳に日記を付けている。その日記がいくつかの過程を経て、アンナの手元に戻ってくる。そのことでアンナが、事件＝夫の死の真相を知るということが映画の主軸をかたちづくっている。しかしそれ以外にも、そこには興味深い挿話が多数盛り込まれている。一口で言えばそこには、二つの大国の間で何とかプライドをもって生きようとする（しかし容易にそれが許されない）ポーランド人の姿がある。

映画の原作＝A・ムラルチクの『カティンの森』ではアンナの一家に、よりスポットライトが当たっている。ただし映画も原作も、本質的な主題は一つである。――カティン事件の真相を明らかにすることが、死者に対する葬送の儀礼であるということがそれである。映画でも原作でも引用される人物に、ギリシア悲劇の主人公アンティゴネがいる。かの女の兄は王位争奪戦の末に亡くなり、その亡骸《なきがら》が新国王クレオンの命令で野に棄てられている。（埋葬を禁じた）国王の命令に反してアンティゴネは、兄の遺体を埋葬する（といっても三度砂をかけたにすぎないが）。捕えられて国王の前に引き出されたとき、かの女はこう言う。国家の法がどうであれ死者を丁重に埋葬することが、自然の法である、と。たしかに『カティンの森』には、このアンティゴネの物語を連想させるものがある。ソ連支配下でカティン事件の真実を明らかにしようとする女たちは、まさしくアンティゴネの末裔である。

わたしは『カティンの森』を見て、亡き祖母を思い出した。かの女も第二次世界大戦で、息子（わたしの伯父）二人を亡くしているからである。その二人の墓標はいま、故郷の菩提寺のなかに静かに立っている（といっても遺骨は収められていない）。と同時に二人は、東京九段の靖国神社に「英霊」として祀られている。わたしは十代の後半から、東京近辺に暮らしている。率直に言って若いうちは、靖国神社に行くことを避けていた。しかし最近は、自然とそこに足が向く。どこの国でも戦死者の慰霊を行うことは、国家の重要な仕事の一つである（もしそうしなければ、だれも国のために戦う者はいないであろう）。わが国では靖国神社が、その役割を果たしていた。しかし第二次世界大戦後はそうではないことは、ご承知の通りである（靖国神社は現在、一単立神社である）。わたしが靖国神社を訪ねるのは、それ以外に伯父二人（ならびに戦死者一般）を慰霊できる施設はないからである。

ワイダ監督の自伝（二〇〇〇年）によれば監督の父＝ワイダ大尉も、カティン事件の犠牲者であったという。監督は自伝で、カティン事件の映画化が自分の「責務」であると言っている。ワイダ監督は一九五〇年代の『地下水道』『灰とダイヤモンド』、七〇年代―八〇年代の『大理石の男』『鉄の男』など、長い監督歴をもっている。『カティンの森』はかれの創作の主導動機《ライトモティーフ》が、ナショナリズムであることを改めて示している。その背景にはポーランドが、二つの大国＝ドイツとロシア（ソ連）の間に挟まれているという地理的事情がある。そのなかでポーランド国民が、どうプライドをもって生きていくかがかれの最大の関心事であった。『カティンの森』でポーランドの人々は、一つの問いに繰り返し直面する。まさにそれは、「生命とプライドのどちらを優先するか」という問いである。そこではプライドが、生命と同程度に（あるいはそれ以上に）重要なものであることが示されている。

ネット右翼

一九七九年のイラン革命は当時、「ソニー革命」とも呼ばれた。革命の指導者であったホメイニ師は、革命前パリに亡命していた。革命派はホメイニ氏の説教を、ソニー製のカセットレコーダーで録音した。そして録音テープを複製《ダビング》しては、イラン国内で配布した。ウソかマコトかそれが、革命の気運の醸成に大いに貢献したというのである。いまではカセットテープそのものが地上から絶滅しつつあることを思えば、この間のメディア環境の変化は目覚ましい。しかしまた同時に、メディアと政治の関係はますます密接になってきている。今日ではメディアは、（国家三権に次ぐ）「第四の権力」と呼ばれ始めている。メディアは国家権力を監視するどころか、それ自体が一つの権力主体であるというのである。しかしメディアをそう実体化しても、話は始まらないとわたしは思う。メディアは文字通り、「媒体」である。つまりはAとBのコミュニケーシヨンの仲介をするのが、メディアである。

もしメディアを「第四の権力」と呼ぶならば、その権力の根源が問われてしかるべきである。その根源は「世論」＝とらえどころのない大衆の意見にある、とわたしは思っている。「世論」はメディアを通じて、きわめて恣意的に表明される。今日ではそれが、大きな社会的影響力を発揮しつつある。そこに「第四の権力」としての、メディア権力の実質があるのではなかろうか。

「世論」の社会的影響力にいち早く注目した政治家に、ヒトラーがいる。かれの著作『わが闘争』はいまもって、メディア論的に興味深い。ヒトラーはブラウナウ（オーストリアのドイツ国境近くの町）の税関吏の家に生まれ、最初画家を志した。しかし美術学校の受験に失敗し、「パンのための職業」に従事していた。かれの生涯の一大転機になったのは、結党間もないドイツ労働者党（国民社会主義ドイツ労働者党＝ナチス党の前身）に入党したことである。最初の集会でかれは、「演説ができた」ことに感激する。

『わが闘争』でヒトラーは、こう言っている。「人々を説得できるのは、書かれた言葉ではなく語られた言葉である。偉大な運動を進展させるのは、偉大な文筆家ではなく偉大な演説家である」と。L・リーフェンシュタール監督の『意志の勝利』（一九三四年）は第六回ナチス党大会（一九三四年九月四日―十日、ニュルンベルクで開催）の記録映画であり、同時に宣伝映画である。わたしたちはそこで、ヒトラーの演説を見て、聞くことができる。一口で言えばそれは、大変魅力に富んだものである。もう少し婉曲に言えば、こうなる。今日から見ても当時のドイツの人々が、かれに魅了されたのが何となく分かる、と。必ずしもそれは、演説に限った話ではない。というのもそこでは、ヒトラーの一挙一動が人々の熱狂的な賞賛の対象になっているから。そういう「世論」をより多くの人々に提示し、同様の「世論」を醸成することが、その記録＝宣伝映画の目的であったと見ることができる。

『わが闘争』にも書かれるようにヒトラーの演説（あるいはナチス党の宣伝）の中心的な主題は、ドイツ人の国民的なプライドの喚起にあった。特段それが、もの珍しいわけではない。自国民・自民族＝「わたしたち（us）」と他国民・他民族＝「かれら（them）」を区別する言説は、わたしたちの周辺に満ち溢れている。それはまさに、ナショナリズムの基本的な文法である。おそらくナチズムは、偏狭な（**narrow-minded**）ナショナリズムの代表格ということになろう。もちろんわたしは、それについて何の異論もない。しかし同時にこうも思う。いったい偏狭なナショナリズムと寛容な（**broad-minded**）ナショナリズムは、どう区別されるのか。そもそもナショナリズムは、ナショナリズムでしかないのではないか、と。第二次世界大戦後のわが国では国旗の掲揚や国歌の斉唱自体を忌避する風潮が、長く続いた。そういう風潮のほうがよほどもの珍しいことは、改めて断るまでもない。

ネット社会の到来とともにネット空間上に、新しい「世論」が生まれている。——一般に「ネット右翼」と称される、愛国主義的（ないしは排外主義的）な思潮がそれである。本来ネット空間は、個別化した人々によってかたちづくられている（実際「ネット右翼」の人々は、匿名あるいは仮名でコミュニケーションしているだけである)。そしてまたそれは、国境の壁を越えて広がっている。しかしそこに、ナショナリズムを標榜する(多分に一時的な)コミュニティが生まれるのは興味深い。バウマンはグローバル化=個別化が進行する状況において、ナショナリズムは不可避であると言う。そこでは個人の弱さや脆さが、「想像のコミュニティ」の潜在力に作り替えられるというのである。日増しにグローバル化=個別化する世界のなかで、ナショナリズムが影響力をもつのは不思議である。しかしそれは、わたしたちのプライド回復のための主要な(ほとんど唯一の)方策となってきている。

わたしは本書で、「わが国」という表現を用いている。本書ではなぜ、(「日本」ではなく)「わが国」という表現を用いるのか。それについてここで、若干の注釈を行っておきたい。一般にどこにも帰属しない場所=分析者的立場から、問題をとらえるのが社会学の方法である。その場合日本は、あくまでも「日本」というのが適切である。しかし日本語を用いて、もっぱら日本人に語りかけるのに、そういう立場はいかにも滑稽である。それよりは「どこに帰属するか」を明確にするほうが、より主体的に問題に接近できるのではないか。ここで日本=「わが国」と表現するのは、そのためである。こういう当事者的立場が従来の社会学のなかに、まったくないわけではない。たとえば「わたしたち」と「かれら」という対概念は、(分析者的立場ではなく)当事者的立場に身をおくことなしに成り立たない。――さて「プライド」をめぐる本書の知的航海にも、そろそろ終着地が近づいてきた。

おわりに

見果てぬ夢

どうやら世間には、プライドの高い連中が集まる職場があるらしい。たとえば大学も、そういう職場の一つである。大学の教員は通常は、学部のメンバーである。学部には教員のほかに、学生がいる。しかし教員は、教員だけの会合＝教授会をもっている。この教授会の何であるかは、そのメンバー以外にはそう知られていない。しかし読者の皆さんは、とうの昔にご明察のはずである。そこが教員同士のプライドの激突する、一つの修羅場であるということを。それゆえに教授会は、多くの教員にとって苦痛に満ちた会合になっている。それでは教員と、もう一方の学部のメンバーである学生との関係はどうか。教員が学生のことを、学生が教員のことをどう思っているかは、互いに与《あずか》り知るところではない。しかしこう言って、ほぼ間違いない。教員は「プライドが高い」と、学生は「プライドが低い」と、それぞれ相手から思われている、と。それゆえに授業は、双方にとって難行苦行となる。

わたしは二十年以上も、大学で教員をしている。そういうわたしが職場の色に染まっていない、と言っても信じる者はない。その意味では本書は、わたしの自己反省の書である。もっともプライドが高いのは、何も大学の教員に限らない。というよりも「人間はプライドをもたざるをえない存在である」というのが、本書の一つの理論的な出発点であった。本書では「自分自身を肯定的に評価すること」を、プライドと定義した（正のプライド）。当然それは、「自分自身を否定的に評価すること」と表裏一体である（負のプライド）。そういうかたちで自己を評価することは人間の宿命である、とわたしは言いたいのである。そしてそれは、さまざまな人間ドラマを生み出している。そういう人間ドラマの諸相を描き出すことが、本書の基本的な関心事であった。そのために本書は、各章ごとに「自己」から「国家」までの十の主題をおいた。そして各主題について、六つの具体的な素材を扱った。

ほかにも主題は設定できるであろうし、素材にいたってはいくらでも選択できる。しかしそれらの主題や素材を通して、本書で論じたことは一つである。プライドはよくも悪くも、わたしたちの生の原動力であるということがそれである。ここで「よくも悪くも」と書いたことには、わたしなりの含意がある。というのもプライドほど、毀誉褒貶相半ばする概念も珍しいからである。たとえば「プライドが高い」ことは、悪徳の範疇に含まれる。これに対して「プライドをもつ」ことは、美徳の範疇に含まれる（前者のプライドが非難の対象であるのに対して、後者のプライドは賞賛の対象になっている）。こういう二面性と切っても切れない関係にあるのが、プライドという概念である。したがってそれは、「生の原動力である」というだけではけっして十分ではない。

同時にそれは、「死の原動力である」とも言わねばならない。一言で言えばプライドは、創造と破壊のダイナミクスなのである。

アダムとイヴは知恵の木の実を食べることで、エデンの園を逐《お》われた（と旧約聖書は伝える）。これは人間が、神の代わりに自分自身をデザインできる存在になったのと同じである。それによって人間は、「理想の自己」を思い描くようになった。と同時に人間は、「理想の自己」と「現実の自己」の落差に思い悩むことになった。こういう「理想の自己」と「現実の自己」の織りなす心的システムを、本書ではプライド・システムと呼んでいる。一般に人間は、「理想の自己」を創造すると同時に、「現実の自己」を破壊することを求められる。この心的機制《メカニズム》がまさに、プライドである。しかしプライドは、つねに順調に機能するとは限らない。というよりもそれは、不調であることが常態化している。たとえば「理想の自己」と「現実の自己」の落差が大きすぎることは、一つの問題である（プライド過剰）。それと逆に両者の落差が小さすぎることも、もう一つの問題である（プライド不足）。

わたしたちは今日、たえず「自己をデザインする」ことを求められつつある。すなわち自己を発見したり、創造したり、実現したり、表現したり、演出したり、提示したり、証明したりすることが、わたしたちの日常的な課題になってきている。たとえば最近の大学では、「キャリアデザイン」を標榜する学科や科目が開設されつつある。そこでは学生は、文字通り「自己をデザインする」ことを求められるのである。そういう要求が出される背景には、コミュニティの不在＝

個別化があるとわたしは見ている。プライドとは実際には、コミュニティの代用品である、と。その上で「自己をデザインする」ことは、一つの夢である（ひょっとしたらそれは、悪夢と呼ぶのが正しいかもしれない）。そのことがいかに困難な事業であるかは、本書で繰り返し論じてきたところである。――それでもわたしたちは、その見果てぬ夢を求めてやまない。わたしたちは皆、プライドに取り憑かれて生きている。

プライドの塊

オースティンの *Pride and Prejudice* はプライドの社会学にとって、いまだに尽きせぬ霊感《インスピレーション》の源泉である。とりわけそれが、プライドの二面性を見事に表現していることは示唆に富む。そのことは *Pride and Prejudice* の邦題が、一義的に訳し得ないという問題と結びついている。すなわちそれは、『高慢と偏見』と訳されたり、『自負と偏見』と訳されたりしている。まさしく**pride**は、「高慢」でもあれば、「自負」でもあるのである。本書では *Pride and Prejudice* を、（その直近の映画化作品の邦題にならって）『プライドと偏見』と訳すことにしている。**pride**が二面性をもつ以上は、便宜的にそうとでも訳すしかないと思うからである。こういうプライドの二面性の問題は多少大げさに言えば、『プライドと偏見』の全編を貫いている。たとえば舞踏会でのダーシー氏の失礼な振る舞いについて、女性たちが後日（ダーシー氏不在の状況下で）自由な論議をする場面がある。

エリザベスの友人のルーカス嬢はダーシー氏を、（家柄がよく、財産もあり……）非の打ちようのない人物ととらえる。そしてこう言う。「かれにはプライドをもつ権利がある（he has a right to be proud）」と。エリザベスは一応、それに同意する。しかしまた続けてこう言う。“I could easily forgive *his* pride, if he had not mortified *mine*.”と（イタリック体は原文のママ。訳文では傍点で強調）。この他者の pride と自己の pride の関係について述べた一文は、なかなか含蓄がある。『プライドと偏見』の現行訳書のなかで（この一文に限って）わたしがよいと思うのは、以下の二つである。「あのかたの誇りは、ただもしわたしの誇りを傷つけなかったとすれば、たやすく許すことができます」（阿部知二訳）。「わたしだって、あの人の高慢、結構なにかゆるせるような気がするの。ただ、それで、わたしのほうの誇りが傷つけられるんじゃ、たまらないけどね」（中野好夫訳）。

前者（阿部訳）は自己の pride と他者の pride を、ともに「誇り」と表現しているところがすばらしい。そしてまた後者（中野訳）は、エリザベスの真意にズバッと切り込んでいるところが小気味よい。これらを参考にしつつわたしも、この一文を訳出してみた。「あちらがプライドをもつのは勝手です。しかしこちらのプライドを傷つけるのは許せません」と。このエリザベスの言葉（拙訳）を本書の巻頭においたのは、それが「プライドの何であるか」をよく表しているからである。大胆に整理すればエリザベスは、そこでこう言っている。Aがプライドをもつように、Bもプライドをもっている。それゆえにAは、Bのプライドを安易に傷つけてはならない、と。もう一歩踏み込んで言えばかの女は、こう言っている。人間はだれしも（AもBもCも……）、他者のプライドを傷つけやすい、と。そういう平凡な真実を明らかにしているところに、『プライドと偏見』の文学的な非凡さがある。

『ヒトと動物の感情表現』でダーウィンは、プライドについても書いている。種々の複雑な感情（嫉妬、羨望、強欲、復讐、疑念、欺瞞、狡猾、自責、虚栄、野心、謙虚など）のなかでもプライドは、最も明白に表現されるものであるとダーウィンは言う。プライドをもつ人物は、頭を上げ、胸を張ること（自分を大きく見せること）で他者への優越感を示す。それはクジャクの雄が、羽根を膨らませて、気取って歩き回ることと何ら選ぶところはない、と。プライドをもつ人物は自分自身を「完璧な存在」と思っている、とダーウィンは言う。その意味ではプライドは、（本書で述べてきたように）純粋に人間的な概念であると言ってよい。しかしそれが、一つの動物的概念でもあるということにダーウィンの創見がある。『プライドと偏見』の映像化作品を見ると、ダーシー氏は終始頭を上げ、胸を張っている。かれがエリザベスの周辺の人々に、とっつきにくい人物と見られたのも無理はない。

もっとも『プライドと偏見』は、人間のプライド同士の衝突だけを描いているわけではない。AがプライドをもっているBの美点は見いだしにくい。AがBの美点を見いだすには、自分のプライドを括弧に入れる（反省の対象にする）必要があった。実はそれが、『プライドと偏見』のもう一つの主題であった。――『ファウスト』第一部でファウストが、（ダーシー氏同然の）プライドの塊《かたまり》であることはさきに書いた（第1章）。そのことは『ファウスト』第二部でも、そうは変わっていない。しかし物語の終幕近く、さしものファウストも年老いている。そして謙虚にも、海岸地方の干拓事業に精を出している。いまではかれは、天上よりも地上に、永遠よりも瞬間に価値をおく人物になっている。それが『ファウスト』全編の一つの結末であるというのは、プライドについて考察する者にとっても感慨深い。「自分が地上に記した足跡は、けっして消え失せない」と言って、かれは亡くなっていく。

著者の美学

社会学（あるいは社会科学一般と言ってもよい）の文体は年々、貧しく、つまらないものになりつつある。その理由は単純すぎて、言うのも恥ずかしいほどである。すなわち社会学では、そもそも文体は問題でないからである。いや正確に言えば、こうなる。「文体などどうでもよい」という風潮が、著者＝社会学者の間に広くある、と。そういう風潮はひょっとしたら、読者の間にもあるかもしれない。たとえば専門書の場合、著者も読者も仲間であることが普通である。その場合は文字通り、仲間内でコミュニケーションすることが許される。しかし一般書の場合も、そういうコミュニケーションは許されるのか。本来それは、そうではないはずである。しかしそこでも、「文体などどうでもよい」という体《てい》の文章がまかり通っている。冒頭で社会学の文体について思い切ったことを書いたのは、そういう趣旨である。逆に言えば本書の執筆を通じて、わたしが終始意識していたことが一つある。

仲間内でない＝社会学者でもない読者の皆さんに、どう社会学的な内容を伝えるかということがそれである。それはまさに、文体の問題である。一般に「何を表現するか」というのは、内容の問題である。これに対して「どう表現するか」というのは、形式の問題である。何もわたしは、内容よりも形式のほうが重要であると言うのではない。（実際にはいかなるコミュニケーションにおいても、そうであるが）とりわけ社会学的なコミュニケーションにおいては、「内容と形式は切っても切れない関係にある」と言いたいのである。というのも社会学は、ごくごく日常的な事象に理論的に接近する学問であるから。読者の皆さんのなかには数量的な接近の場合、文体は問題でないと思われる向きがあるかもしれない。しかし数字や数式の表現も、すぐれて文体の問題であるとわたしは思っている。いずれにしても本書の文体が奏功したか否かについては、読者の皆さんのご判断に委ねるほかはない。

それに関連して一件、楽屋裏の話をさせていただく。さきにも書いたように本書は、十の主題×六つの素材＝六十の小話から構成されている。その六十話がそれぞれ一定の独立性をもっている（極端に言えば本書が、六十のまとまりのない話から構成されている）ことを、読者の皆さんは怪訝《けげん》に思われるかもしれない。率直に言ってこれは、当初から企図していたことではない。つまりは「プライド」という問題を扱うなかで、そういう方法に自然と落ち着いたというのが事態の真相である。結果として本書は、「プライド」（という得体の知れないもの）にあちこちからスポットライトをあてるという体裁になった。もはや開き直ってわたしは、こう言いたい。何もパブロフの犬のように、学問的な記述＝首尾一貫した体系的な記述、と決めてかかることはない、と。実際に社会学書のなかには、アフォリズム（警句）の集積によって一冊の書物がかたちづくられている場合がないわけではない。

たとえばアドルノの『ミニマ・モラリア』やマクルーハンの『グーテンベルクの銀河系』が、そうである。何も本書を、そういう名著に準《なぞら》えるつもりはない。わたしはたんに、そういうアフォリズム的記述も学問的記述の範疇に含まれると言いたいだけである。よく言われるようにアフォリズム的記述の特性は、どこから読み始めても（あるいはどこで読み終えても）よいということである。たしかに本書も、そういう特性をいくらか分かちもっている。しかし実際には、記述の順番通りに読んでいただくのが最適であろうと思う。たとえば主題の配列は、何も「自己」「家族」「地域」「階級」「容姿」「学歴」「教養」「宗教」「職業」「国家」の順でなければならないわけではない。しかし実際には、そういう順番で問題に接近していくのが最適である（と、わたしは感じる）。強いて言えばそれは、美学的な必然性である。要するにわたしは、それが「最適である」と感じるだけの話である。

そういう感覚を読者の皆さんに共有していただけるかどうか、は何とも言えない。しかしここでの主題の配列は、ある程度人生の経験を反映している。したがって読者の皆さんには、それぞれの年代なりに本書の記述に親しんでいただけるのではないかと期待している。——本書で取り上げた文学作品や映像作品は、まったく著者の美学＝嗜好を反映している。いまさら『暗夜行路』でも『意志の勝利』でもなかろう、というお叱りが聞こえてきそうである。本書でわたしが、古典を好んで取り上げた理由は簡単である。新作はフレッシュではあっても、古びるのもまた早いからである。それなら最初から古典を取り上げたほうが……、というのがわたしの意図であった。はたして著者の美学は、どの程度読者の皆さんに共感していただけるものであろうか。それについて万全の自信をもつほど、わたしはプライドが高くない。それでもプライドをもって作品を世に問うことが、著者の責務であろう。

この十年ほどの間にわたしは、社会学の概説書を二冊物した。それらの概括的な仕事を世に問うと、今度はこう思うようになった。わたしたちの生と深く関わる主題を選んで、より個別的な仕事がしたい、と。そういうわたしの関心に最初にひっかかってきた主題が、「プライド」である。扱うほどにそれが、今日の社会学の中心的な主題の一つであることがはっきりしてきた。これが本書の誕生をめぐる、ごく私的な事情である。――わたしは先年、筑摩書房から訳書＝バウマンの『コミュニティ』を出している（本書をご覧いただくと分かるように、わたしはバウマンに多くを負っている）。その担当編集者であった町田さおりさんが、本書の企画に最初に興味をもって下さった。その後本書の編集をご担当いただいたのは、筑摩選書の北村善洋さんである。「プライドの社会学」という知的航海を陰で支えて下さったのは、この二人のプライドあふれる編集者であることを最後に明記しておく。

平成二十五年三月二十五日　鎌倉にて

著　者

本書に関連して平成二十四年度亜細亜学園特別研究奨励制度の適用を受けた。

参考文献一覧　（原則として邦語文献を記載した）

はじめに

Jane Austen, *Pride and Prejudice*, Penguin Classics, 1996.
G・ジンメル『社会学』上・下、居安正訳、白水社、一九九四年
夏目漱石『草枕』岩波文庫、一九九〇年
W・I・トマス、F・W・ズナニエツキ『ヨーロッパとアメリカにおけるポーランド農民』桜井厚抄訳（『生活史の社会学』所収）御茶の水書房、一九八三年
R・K・マートン『社会理論と社会構造』森東吾ほか訳、みすず書房、一九六一年

第1章　自己

J・W・ゲーテ『ファウスト』全二冊、池内紀訳、集英社文庫、二〇〇四年
志賀直哉『暗夜行路』（『志賀直哉全集』第四巻）岩波書店、一九九九年
『古事記』（『新編日本古典文学全集』第一巻）山口佳紀・神野志隆光校注、小学館、一九九七年
S・フロイト『自我とエス』（『フロイト全集』第十八巻所収）道籏泰三訳、岩波書店、二〇〇七年
F・ニーチェ『善悪の彼岸』（『ニーチェ全集』第二期第二巻）吉村博次訳、白水社、一九八三年
S・フロイト『ナルシシズムの導入にむけて』（『フロイト全集』第十三巻所収）立木康介訳、岩波書店、

二〇一〇年
S・フロイト『続・精神分析入門講義』(『フロイト全集』第二十一巻所収)道籏泰三訳、岩波書店、二〇一一年
K・ホーナイ『神経症と人間の成長』(『ホーナイ全集』第六巻)榎本譲・丹治竜郎訳、誠信書房、一九九八年
A・アドラー『人はなぜ神経症になるのか』岸見一郎訳、春秋社、二〇〇一年
H・コフート『自己の分析』水野信義・笠原嘉監訳、みすず書房、一九九四年
L・J・フリードマン『エリクソンの人生』上・下、やまだようこ・西平直監訳、新曜社、二〇〇三年
E・H・エリクソン『アイデンティティとライフサイクル』西平直・中島由恵訳、誠信書房、二〇一一年
Z・バウマン『コミュニティ』奥井智之訳、筑摩書房、二〇〇八年

第2章　家族

柳田國男『こども風土記』(『柳田國男全集』第十二巻所収)筑摩書房、一九九八年
笠松宏至ほか『中世の罪と罰』東京大学出版会、一九八三年
魯迅「『他媽的!』について」(『魯迅選集』第五巻所収)松枝茂夫訳、岩波書店、一九六四年
長嶋有『猛スピードで母は』文春文庫、二〇〇五年
モブ・ノリオ『介護入門』文春文庫、二〇〇七年
中村文則『土の中の子供』新潮文庫、二〇〇八年
Dorothy Law Nolte and Rachel Harris, *Children Learn What They Live*, Workman, 1998.
D・L・ノルト、R・ハリス『子どもが育つ魔法の言葉』石井千春訳、PHP文庫、二〇〇三年

柳美里『ファミリー・シークレット』講談社、二〇一〇年
西澤哲『子ども虐待』講談社現代新書、二〇一〇年
日本戦没学生記念会編『きけ わだつみのこえ』新版、岩波文庫、一九九五年
保阪正康『「きけわだつみのこえ」の戦後史』文春文庫、二〇〇二年
靖国神社『英霊の言乃葉』全九輯、靖国神社社務所、一九九五―二〇〇九年
赤羽礼子・石井宏『ホタル帰る』草思社文庫、二〇一一年

第3章　地域

米山俊直『小盆地宇宙と日本文化』岩波書店、一九八九年
K・マルクス『資本論』第一巻（『マルクス＝エンゲルス全集』第二十三巻、全二冊）岡崎次郎訳、大月書店、一九六五年
島崎藤村『夜明け前』（『現代日本文学大系』第十四巻）筑摩書房、一九七〇年
R・M・マッキーヴァー『コミュニティ』中久郎・松本通晴監訳、ミネルヴァ書房、二〇〇九年
Y‐F・トゥアン『トポフィリア』小野有五・阿部一訳、ちくま学芸文庫、二〇〇八年
M・デイヴィス『スラムの惑星』酒井隆史監訳、明石書店、二〇一〇年
M・デイヴィス『要塞都市ＬＡ』村山敏勝・日比野啓訳、青土社、二〇〇八年
宮沢賢治「グスコーブドリの伝記」（『新修宮沢賢治全集』第十三巻所収）筑摩書房、一九八〇年
Th・モア『ユートピア』平井正穂訳、岩波文庫、一九五七年

第4章　階級

J・K・ローリング『ハリー・ポッターと賢者の石』松岡佑子訳、静山社、一九九九年
J・スコット、渡辺雅男ほか『階級論の現在』青木書店、一九九八年
G・B・ショー『ピグマリオン』（『バーナード・ショー名作集』所収）倉橋健訳、白水社、二〇一二年
J・スタインベック『怒りの葡萄』上・下、大久保康雄訳、新潮文庫、一九六七年
R・ホガート『読み書き能力の効用』香内三郎訳、晶文社、一九七四年
S・ヴェイユ『労働と人生についての省察』黒木義典・田辺保訳、勁草書房、一九八六年
B・エーレンライク『ニッケル・アンド・ダイムド』曾田和子訳、東洋経済新報社、二〇〇六年
B・エーレンライク『捨てられるホワイトカラー』曾田和子訳、東洋経済新報社、二〇〇七年
『日本書紀』（『新編日本古典文学全集』第二―四巻）小島憲之ほか校注、小学館、一九九四―九八年
R・バルト『表徴の帝国』宗左近訳、ちくま学芸文庫、一九九六年

第5章　容姿

柳田國男『不幸なる芸術』（『柳田國男全集』第十九巻所収）筑摩書房、一九九九年
N・ウルフ『美の陰謀』曾田和子訳、TBSブリタニカ、一九九四年
『源氏物語』（『新編日本古典文学全集』第二十―二十五巻）阿部秋生ほか校注、小学館、一九九四―九八年
秋山虔『源氏物語の女性たち』小学館、一九八七年
I・カント『判断力批判』上・下、篠田英雄訳、岩波文庫、一九六四年
志賀直哉『暗夜行路』（『志賀直哉全集』第四巻）岩波書店、一九九九年

R・サトクリフ『アーサー王と円卓の騎士』山本史郎訳、原書房、二〇〇一年
C・レヴィ＝ストロース『今日のトーテミスム』仲沢紀雄訳、みすず書房、一九七〇年
Th・ヴェブレン『有閑階級の理論』高哲男訳、ちくま学芸文庫、一九九八年
E・シャルル＝ルー『ココ・アヴァン・シャネル』上・下、加藤かおり・山田美明訳、ハヤカワ文庫、二〇〇九年
J・ピカディ『ココ・シャネル　伝説の軌跡』栗原百代・髙橋美江訳、マーブルトロン、二〇一二年
P・モラン『シャネル　人生を語る』山田登世子訳、中公文庫、二〇〇七年

第6章　学歴

北杜夫『どくとるマンボウ青春記』新潮文庫、二〇〇〇年
H・ヘッセ『車輪の下で』松永美穂訳、光文社古典新訳文庫、二〇〇七年
J・オルテガ・イ・ガセット『大衆の反逆』桑名一博訳、白水社、一九八五年
夏目漱石『三四郎』岩波文庫、一九九〇年
松原岩五郎『最暗黒の東京』岩波文庫、一九八八年
V・パレート『エリートの周流』川崎嘉元訳、垣内出版、一九七五年
宮崎市定『科挙』中公文庫、二〇〇三年
P・ブルデュー『ディスタンクシオン』全二冊、石井洋二郎訳、藤原書店、一九九〇年
W・アイザックソン『スティーブ・ジョブズ』全二冊、井口耕二訳、講談社、二〇一一年

第7章　教養

R・ウィリアムズ『キーワード辞典』椎名美智ほか訳、平凡社、二〇〇二年
『出版年鑑』二〇一二年版、出版ニュース社、二〇一二年
J＝C・カリエール、U・エーコ『もうすぐ絶滅するという紙の書物について』工藤妙子訳、阪急コミュニケーションズ、二〇一〇年
E・M・フォースター『眺めのいい部屋』(『E・M・フォースター著作集』2)北條文緒訳、みすず書房、一九九三年
本城靖久『グランド・ツアー』中公文庫、一九九四年
Z・バウマン『コミュニティ』奥井智之訳、筑摩書房、二〇〇八年
Th・ヴェブレン『有閑階級の理論』高哲男訳、ちくま学芸文庫、一九九八年
P・F・ドラッカー『ポスト資本主義社会』(『ドラッカー名著集』8)上田惇生訳、ダイヤモンド社、二〇〇七年
中島敦「文字禍」(『中島敦全集』第一巻所収)筑摩書房、二〇〇一年
B・アンダーソン『定本想像の共同体』白石隆・白石さや訳、書籍工房早山、二〇〇七年
S・レヴィ『グーグル』仲達志・池村千秋訳、阪急コミュニケーションズ、二〇一一年

第8章　宗教

Ph・アリエス『〈子供〉の誕生』杉山光信・杉山恵美子訳、みすず書房、一九八〇年
『ブリタニカ国際年鑑』二〇一二年版、ブリタニカ・ジャパン、二〇一二年
『宗教年鑑』平成二十三年版、ぎょうせい、二〇一二年

桑原武夫「考史遊記」(『桑原武夫集』第四巻所収) 岩波書店、一九八〇年
堀田善衛『海鳴りの底から』朝日文芸文庫、一九九三年
A・フランス「聖母の曲芸師」(『堀口大學訳短篇物語』第三巻所収) 書肆山田、一九八九年
「聖母の軽業師」(『フランス中世文学集』第四巻所収) 新倉俊一訳、白水社、一九九六年
N・カザンツァキ『アシジの貧者』清水茂訳、みすず書房、一九八一年
J・J・ヨルゲンセン『アシジの聖フランシスコ』永野藤夫訳、平凡社ライブラリー、一九九七年
W・ジェイムズ『宗教的経験の諸相』上・下、枡田啓三郎訳、岩波文庫、一九六九年
S・フロイト『ある錯覚の未来』(『フロイト全集』第二十一巻所収) 高田珠樹訳、岩波書店、二〇一一年
E・デュルケーム『宗教生活の原初形態』上・下、古野清人訳、一九七五年
F・ヨセフス『ユダヤ戦記』全三冊、秦剛平訳、ちくま学芸文庫、二〇〇二年
L・ライト『倒壊する巨塔』上・下、平賀秀明訳、白水社、二〇〇九年

第9章　職業

M・ウェーバー『職業としての政治/職業としての学問』中山元訳、日経BP社、二〇〇九年
『世阿弥芸術論集』田中裕校注、新潮社、一九七六年
『世阿弥能楽論集』小西甚一編訳、たちばな出版、二〇〇四年
M・ウェーバー『社会学の根本概念』清水幾太郎訳、岩波文庫、一九七二年
西岡常一『木に学べ』小学館文庫、二〇〇三年
Th・ヴェブレン『有閑階級の理論』高哲男訳、ちくま学芸文庫、一九九八年
E・バリリエ『蒼穹のかなたに』全二冊、桂芳樹訳、岩波書店、二〇〇四年

G・ピコ・デッラ・ミランドラ『人間の尊厳について』大出哲ほか訳、国文社、一九八五年
M・ウェーバー『プロテスタンティズムの倫理と資本主義の精神』大塚久雄訳、岩波文庫、一九八九年
P・F・ドラッカー「もう一人のキェルケゴール」(『すでに起こった未来』所収)上田惇生ほか訳、ダイヤモンド社、一九九四年
奥井智之『アジールとしての東京』弘文堂、一九九六年

第10章 国家

太田博太郎編『奈良の宿・日吉館』講談社、一九八〇年
電通総研・日本リサーチセンター編『世界主要国価値観データブック』同友館、二〇〇八年
保田與重郎『ヱルテルは何故死んだか』(『保田與重郎文庫』5)新学社、二〇〇一年
J・W・ゲーテ『若きウェルテルの悩み』竹山道雄訳、岩波文庫、一九七八年
奥井智之『社会学の歴史』東京大学出版会、二〇一〇年
保田與重郎『萬葉集の精神』(『保田與重郎文庫』12)新学社、二〇〇二年
『萬葉集』(『新編日本古典文学全集』第六―九巻)小島憲之ほか校注、小学館、一九九四―九六年
Th・ホッブズ『リヴァイアサン』全四冊、水田洋訳、岩波文庫、一九八二―九二年
B・アンダーソン『定本想像の共同体』白石隆・白石さや訳、書籍工房早山、二〇〇七年
清水幾太郎『愛国心』岩波新書、一九五〇年
V・ザスラフスキー『カチンの森』根岸隆夫訳、みすず書房、二〇一〇年
A・ムラルチク『カティンの森』工藤幸雄・久山宏一訳、集英社文庫、二〇〇九年
ソポクレース『アンティゴネー』呉茂一訳、岩波文庫、一九六一年

A・ワイダ『映画と祖国と人生と…』西野常夫監訳、凱風社、二〇〇九年
A・ヒトラー『わが闘争』上・下、平野一郎・将積茂訳、一九七三年、角川文庫
Z・バウマン『コミュニティ』奥井智之訳、筑摩書房、二〇〇八年

おわりに

J・オースティン『高慢と偏見』阿部知二訳、河出文庫、一九九六年
J・オースティン『自負と偏見』中野好夫訳、新潮文庫、一九九七年
C・ダーウィン『人及び動物の表情について』浜中浜太郎訳、岩波文庫、一九三一年
J・W・ゲーテ『ファウスト』全二冊、池内紀訳、集英社文庫、二〇〇四年
Th・W・アドルノ『ミニマ・モラリア』三光長治訳、法政大学出版局、一九七九年
M・マクルーハン『グーテンベルクの銀河系』森常治訳、みすず書房、一九八六年

引用映画一覧

R・ライナー監督『スタンド・バイ・ミー』アメリカ作品、一九八六年
S・キューブリック監督『フルメタル・ジャケット』イギリス＋アメリカ作品、一九八七年
河瀬直美監督『萌の朱雀』WOWOW＋バンダイビジュアル作品、一九九七年
河瀬直美監督『殯の森』組画＋Celluloid Dreams Productions＋ビジュアルアーツ専門学校大阪（日本＋フランス）作品、二〇〇七年
J・キューカー監督『マイ・フェア・レディ』アメリカ作品、一九六四年
J・フォード監督『怒りの葡萄』アメリカ作品、一九四〇年
M・ハーマン監督『ブラス！』イギリス作品、一九九六年
S・カプール監督『エリザベス』イギリス作品、一九九八年
T・フーパー監督『英国王のスピーチ』イギリス＋オーストラリア作品、二〇一〇年
西川美和監督『ディア・ドクター』「Dear Doctor」製作委員会作品、二〇〇九年
J・アイヴォリー監督『眺めのいい部屋』イギリス作品、一九八五年
森達也監督『A』「A」製作委員会作品、一九九八年
F・フェリーニ監督『道』イタリア作品、一九五四年
黒澤明監督『酔いどれ天使』東宝作品、一九四八年
黒澤明監督『生きる』東宝作品、一九五二年

黒澤明監督『七人の侍』東宝作品、一九五四年
黒澤明監督『赤ひげ』東宝+黒澤プロ作品、一九六五年
A・ワイダ監督『カティンの森』ポーランド作品、二〇〇七年
L・リーフェンシュタール監督『意志の勝利』ドイツ作品、一九三四年
S・ラングトン監督『高慢と偏見』イギリス作品、一九九五年
J・ライト監督『プライドと偏見』イギリス作品、二〇〇五年

奥井智之 おくい・ともゆき

一九五八年奈良県に生まれる。亜細亜大学経済学部教授。一九八一年東京大学教養学部教養学科相関社会科学分科卒業。一九八八年東京大学大学院社会学研究科博士課程単位取得退学。専攻は社会学。著訳書に『近代的世界の誕生』（弘文堂）、『60冊の書物による現代社会論』『日本問題』（ともに、中公新書）、『アジールとしての東京』『大人になるためのステップ』（ともに、弘文堂）、『社会学』『社会学の歴史』（ともに、東京大学出版会）、Z・バウマン著『社会学の考え方』（HBJ出版局）、R・L・ハイルブローナー著『入門経済思想史　世俗の思想家たち』（共訳、ちくま学芸文庫）、Z・バウマン著『コミュニティ』（筑摩書房）。

筑摩選書 0065

プライドの社会学《しゃかいがく》 自己《じこ》をデザインする夢《ゆめ》

二〇一三年四月一五日　初版第一刷発行

著者　奥井《おくい》智之《ともゆき》

発行者　熊沢敏之

発行所　株式会社筑摩書房

東京都台東区蔵前二-五-三　郵便番号　一一一-八七五五

振替　〇〇一六〇-八-四一二三

装幀者　神田昇和

印刷 製本　中央精版印刷株式会社

乱丁・落丁本の場合は左記宛にご送付ください。

送料小社負担でお取り替えいたします。

ご注文、お問い合わせも左記へお願いいたします。

筑摩書房サービスセンター
さいたま市北区櫛引町二-六〇四　〒三三一-八五〇七　電話　〇四八-六五一-〇〇五三

 ISBN978-4-480-01571-6 C0336

筑摩選書 0014

瞬間を生きる哲学

〈今ここ〉に佇む技法

古東哲明

私たちは、いつも先のことばかり考えて生きている。だが、本当に大切なのは、今この瞬間の充溢なのではないだろうか。刹那に存在のかがやきを見出す哲学。

筑摩選書 0015

宇宙誕生

原初の光を探して

M・チャウン

水谷淳 訳

二〇世紀末、人類はついに宇宙誕生の証、ビッグバンの残光を発見した。劇的な発見からもたらされた驚くべき宇宙の真実とは——。宇宙のしくみと存在の謎に迫る。

筑摩選書 0016

最後の吉本隆明

勢古浩爾

「戦後最大の思想家」「思想界の巨人」と冠される吉本隆明。その吉本がこだわった「最後の親鸞」の思考に倣い、「最後の吉本隆明」の思想の本質を追究する。

筑摩選書 0017

思想は裁けるか

弁護士・海野《うんの》普吉《しんきち》伝

入江曜子

治安維持法下、河合栄治郎、尾崎行雄、津田左右吉など思想弾圧が学者やリベラリストにまで及んだ時代、その弁護に孤軍奮闘した海野普吉。冤罪を憎んだその生涯とは？

筑摩選書 0020

利他的な遺伝子

ヒトにモラルはあるか

柳澤嘉一郎

遺伝子は本当に「利己的」なのか。他人のために生命さえ投げ出すような利他的な行動や感情は、なぜ生まれるのか。ヒトという生きものの本質に迫る進化エッセイ。

筑摩選書 0021

贈答の日本文化

伊藤幹治

モース『贈与論』などの民族誌的研究の成果を踏まえ、贈与・交換・互酬性のキーワードと概念を手がかりに、日本文化における贈答の世界のメカニズムを読み解く。

筑摩選書 0033

グローバル化と中小企業

中沢孝夫

企業の海外進出は本当に国内産業を空洞化させるのか。圧倒的な開発力と技術力を携え東アジア諸国へ進出した中小企業から、グローバル化の実態と要件を検証する。

筑摩選書 0034

反原発の思想史
冷戦からフクシマへ

絓 秀実

中ソ論争から「68年」やエコロジー、サブカルチャーを経てフクシマへ。複雑に交差する反核運動や「原子力の平和利用」などの論点から、3・11が顕在化させた現代史を描く。

筑摩選書 0035

生老病死の図像学
仏教説話画を読む

加須屋誠

仏教の教理を絵で伝える説話画をイコノロジーの手法で読み解くと、中世日本人の死生観が浮かび上がる。生活史・民俗史をも視野に入れた日本美術史の画期的論考。

筑摩選書 0036

伊勢神宮と古代王権
神宮・斎宮・天皇がおりなした六百年

榎村寛之

神宮をめぐり、交錯する天皇家と地域勢力の野望。王権は何を夢見、神宮は何を期待したのか？　王権の変遷に翻弄され変容していった伊勢神宮という存在の謎に迫る。

筑摩選書 0037

主体性は教えられるか

岩田健太郎

主体的でないと言われる日本人。それはなぜか。この国の学校教育が主体性を涵養するようにはできていないのではないか。医学教育をケーススタディとして考える。

筑摩選書 0038

救いとは何か

森岡正博
山折哲雄

この時代の生と死について、救いについて、人間の幸福について、信仰をもつ宗教学者と、宗教をもたない哲学者が鋭く言葉を交わした、比類なき思考の記録。

筑摩選書 0040

100のモノが語る世界の歴史1
文明の誕生

N・マクレガー
東郷えりか 訳

大英博物館が所蔵する古今東西の名品を精選。遺されたモノに刻まれた人類の記憶を読み解き、今日までの文明の歩みを辿る。新たな世界史へ挑む壮大なプロジェクト。

筑摩選書 0041

100のモノが語る世界の歴史2
帝国の興亡

N・マクレガー
東郷えりか 訳

紀元前後、人類は帝国の時代を迎える。多くの文明が姿を消し、遺された物だけが声なき者らの声を伝える——。大英博物館とＢＢＣによる世界史プロジェクト第2巻。

筑摩選書 0042

100のモノが語る世界の歴史3
近代への道

N・マクレガー
東郷えりか 訳

すべての大陸が出会い、発展と数々の悲劇の末にわれわれ人類がたどりついた「近代」とは何だったのか——。大英博物館とＢＢＣによる世界史プロジェクト完結篇。

筑摩選書 0043

悪の哲学
中国哲学の想像力

中島隆博

孔子や孟子、荘子など中国の思想家たちは「悪」について、どのように考えてきたのか。現代にも通じるこの問題と格闘した先人の思考を、斬新な視座から読み解く。

筑摩選書 0044

さまよえる自己
ポストモダンの精神病理

内海 健

「自己」が最も輝いていた近代が終焉した今、時代を映す精神の病態とはなにか。臨床を起点に心や意識の起源に遡り、主体を喪失した現代の病理性を解明する。

筑摩選書 0045

北朝鮮建国神話の崩壊
金日成と「特別狙撃旅団」

金 賛汀

捏造され続けてきた北朝鮮建国者・金日成の抗日時代。関係者の証言から明るみに出た歴史の姿とは。北朝鮮現代史の虚構を突き崩す著者畢生のノンフィクション。

筑摩選書 0047

災害弱者と情報弱者
3・11後、何が見過ごされたのか

田中幹人　標葉隆馬
丸山紀一朗

東日本大震災・原発事故をめぐる膨大な情報を精緻に解析、その偏りと格差、不平等を生み出す社会構造を明らかにし、災害と情報に対する新しい視座を提示する。

筑摩選書 0048

宮沢賢治の世界

吉本隆明

著者が青年期から強い影響を受けてきた宮沢賢治について、機会あるごとに生の声で語り続けてきた三十数年に及ぶ講演のすべてを収録した貴重な一冊。全十一章。

筑摩選書 0049

身体の時間
〈今〉を生きるための精神病理学

野間俊一

加速する現代社会、時間は細切れになって希薄化し、心身に負荷をかける。新型うつや発達障害、解離などの臨床例を検証、生命性を回復するための叡智を探りだす。

筑摩選書 0050

敗戦と戦後のあいだで
遅れて帰りし者たち

五十嵐惠邦

戦争体験をかかえて戦後を生きるとはどういうことか。五味川純平、石原吉郎、横井庄一、小野田寛郎、中村輝夫……。彼らの足跡から戦後日本社会の条件を考察する。

筑摩選書 0051

フランス革命の志士たち
革命家とは何者か

安達正勝

理想主義者、日和見、煽動者、実務家、英雄――真に世界を変えるのはどんな人物か。フランス革命の志士の生き様から、混迷と変革の時代をいかに生きるかを考える。

筑摩選書 0052

ノーベル経済学賞の40年（上）
20世紀経済思想史入門

T・カリアー
小坂恵理 訳

ミクロにマクロ、ゲーム理論に行動経済学。多彩な受賞者の業績と人柄から、今日のわれわれが直面している問題が見えてくる。経済思想を一望できる格好の入門書。

筑摩選書 0053

ノーベル経済学賞の40年（下）
20世紀経済思想史入門

T・カリアー
小坂恵理 訳

経済学は科学か。彼らは何を発見し、社会にどんな功績を果たしたのか。経済学賞の歴史をたどり、経済学と人類の未来を考える。経済の本質をつかむための必読書。

筑摩選書 0054

世界正義論

井上達夫

超大国による「正義」の濫用、世界的な規模で広がりゆく貧富の格差……。こうした中にあって「グローバルな正義」の可能性を原理的に追究する政治哲学の書。

筑摩選書 0055

「加藤周一」という生き方

鷲巣力

鋭い美意識と明晰さを備えた加藤さんは、自らの仕事と人生をどのように措定していったのだろうか。没後に遺された資料も用いて、その「詩と真実」を浮き彫りにする。

筑摩選書 0056

哲学で何をするのか
文化と私の「現実」から

貫 成人

哲学は、現実をとらえるための最高の道具である。私たちが一見自明に思っている「文化」のあり方、「私」の存在を徹底して問い直す。新しいタイプの哲学入門。

筑摩選書 0060

近代という教養
文学が背負った課題

石原千秋

日本の文学にとって近代とは何だったのか？　文学が背負わされた重い課題を捉えなおし、現在にも生きる「教養」の源泉を、時代との格闘の跡にたどる。

筑摩選書 0063

戦争学原論

石津朋之

人類の歴史と共にある戦争。この社会的事象を捉えるにはどのようなアプローチを取ればよいのか。タブーを超え、日本における「戦争学」の誕生をもたらす試論の登場。